NEXT COMPANY

Management and Work Styles in the New Era

BESSHO Hiroyuki

ネクストカンパニー

新しい時代の経営と働き方

レッドフォックス株式会社 代表取締役社長
別所宏恭

CROSSMEDIA PUBLISHING

はじめに ―― これからの「会社」は、「仕事」は、どう変わるのか？

２０２０年代は、その幕開けから新型コロナウイルス（COVID-19）によって大きな衝撃を受けました。社会・生活・ビジネス・政治・医療……影響は全世界のさまざまなレイヤー、さまざまな人たちに及んでいますが、これらの歪《ひず》みがすっかり元に戻ることはないでしょう。

一方で、この衝撃を、これまで先送りされてきた問題を解決する機会とすべく、あるいは下剋上のような逆転の機会とすべく、多くのプレーヤーが動き出しています。

本書のテーマは、こうして始まった２０２０年代のビジネス・経営・働き方を予測しながら、そこで生き残っていくための方策を考えることです。

この本を何気なく手に取った方の中には、経営者やマネジャーといった方々もいれば、中堅や若手の社員、ひょっとすると、仕事や起業を意識し始めた学生の方もいるかもしれません。

このあと待っている変化は、ビジネスに携わるそれらすべての人に関係することです。

日本人は戦後、勤勉な民族性をベースに、先進国の工業製品のコピーを、「より高品質、より高性能で、より安く」つくるという問題解決の能力によって市場を席巻してきました。これらの努力は品質管理とコスト管理のノウハウを高め、「さらに安く、もっと安く」という人々のリクエストに応えることが可能になりました。

しかし、本当は私たちが先進国になった時点で、「より高品質、より高性能で、より高く」に舵を切らなければなりませんでした。海外工場でものづくりを始めれば、製造技術はやがて模倣される。実際、すでにものづくりでは、多くの分野で中国などに抜かれてしまっています。

もう日本では、「高品質で安く」はつくれないのです。

だからこそ今、**日本のすべての企業にとって必要なのは「高く売ること」**。一冊を通して、未来を展望しながら、われわれのような中小企業、あるいはベンチャー企業が、自社の商品・サービスの価値をどう高めていけばいいのかを考えていきます。

「高く売る」。それは経営者だけではなく、すべての社員の関心事とならざるを得ません。経営は「どうやって高く売るか」を考え、社員も「高く売る方法」を考えられる人材が評価されることになる。会社が投資すべきも分野も「高く売るための工夫や方法」に集中する。そしてその先に、新しい価値、新しい体験、新しい感動を生み出す産業に変わる必要があるのです。

……と口で言うのは簡単なのですが、これは本当に大変です。わかっていてもできないし、すぐにできることでもありません。

ゴールドマン・サックスの元アナリストで小西美術工藝社社長のデービッド・アトキンソン氏は、日本の中小企業の労働生産性が低いことを指摘しています。理由は簡単で、下請け仕事だからです。

私の会社、レッドフォックスも、今は「cyzen《サイゼン》」という現場作業の業務フローや働き方を革新・支援する独自のクラウドサービスをつくり、販売していますが、下請け時代には会社が潰れかけたこともありました。

1989年に創業したときは、バブル期で仕事があったのですが、バブルの崩壊とともに、仕事もじわじわ減ってきます。それまでの儲けから内部留保が多少はあり、時間はさらにあったので、パッケージソフトをつくったのですが、自分で売る方法を知らない。お金が入ってこないから資金繰りも苦しくなり、このソフトをライセンスごと売ってしまおうと考えました。

いくつかの会社に手紙を書いて、アポイントを取っては断られたりしていた中、当時、アスキーの社長を務めていた西和彦さんから「じゃあ、一度うちに来てよ」と返事をいただき、東京・表参道にある先方のオフィスに向かいました。広い豪華な応接室に通され、取締役だった滝田賢太郎さんが話を聞いてくださって、内心「これは売れたな」と思いながらプレゼンテーションを終えます。しかし、私の話を聞き終わった先方の口から出たのは、思いもよらぬ言葉でした。

「別所さん、いいね、これ。でも、言いにくいんだけど、実はうちが今、潰れそうなんだよ」

月末にやってくる数百万円の支払いのことを考えると、頭がぼーっとします。ふらふらした足取りで地下鉄の表参道駅の階段を降り、次の電車を待ちますが、嫌な考えが頭から離れない。プラットフォームに電車が滑り込んできたとき、現実逃避もあったのか、衝動的に頭に浮かんだのは「飛び込もう」という考えでした。

実際は、その衝動を行動に移すことはなかったのですが、「自分はここで死んだんだ。何を言われても痛みはない」と肚《はら》をくくります。

社に戻ってからは、債権者の方々に「すみません、お金がないので、どうか支払いを2カ月待ってください。絶対にお返ししますから」と頭を下げ続けました。住んでいた家も引き払って、妻の実家の6畳間に、生まれたばかりの子どもを連れて居候させてもらうことになります。オフィスはなくなり、人は辞め、会社の所在地もその6畳間になりました。

こんな体験があったからこそ、下請けからの脱却を目指して挑戦を始め、失敗と苦労を繰り返しながら、現在のＳａａＳ（Software as a Service）事業に転換することができました。売上と社員数は最盛期より大幅に減りましたが、1人当たりの売上は4倍、平均給与も1・5倍になっています。

こうした**飛躍を生むビジネスを見つけるための前提となるのが「情報」**です。

新しいビジネスの種になるような情報が、ほんのちょっとした違和感など、そのままだと見落としてしまうような部分に隠れていることは往々にしてあります。多くの人が何となく心に持っているニーズを引き出し、「これが欲しかったんだ」というウォンツに変えられる優秀な営業担当者ほど、実は商談の主目的ではない雑談から、新しい商品・サービスや売り方につながる情報を得ていたりするのです。

こうした情報をどう手に入れ、商品に結びつけていくのかについても、紙幅を割いて考えていきたいと思います。

本書は4つの章で構成しています。

第1章は「日本と日本企業が直面している不都合な真実」と題して、われわれのビジネスを取り巻く労働市場などの状況を整理しつつ、コスト削減やいきすぎた最適化が企業に何をもたらすのか、またなぜ「高く売ること」が必要なのか、労働生産性の問題なども踏まえて論じていきます。

第2章は「質の高い情報を活かし切る」というテーマで、情報を企画に昇華させ、ビジネスに仕立て上げていくために「価値観の差が利潤になる」という考え方を解きほぐします。

第3章は「日本と日本企業が変わるべき姿」として、COVID-19で問い直されるオフィスの意味と新しい役割、価値観の差を生む「生活と文化」とは何かといった論点を、地方の衰退やDXの本質といった話題も交えて考察していきます。

最後の第4章では「2020年代を乗り越えるために」と銘打って、これから経営がどう変化していくべきか、人間の能力をどう活かせばよいのか、デジタルの分野の劇的な変化なども頭に入れながら、今後を展望します。

この本のタイトルでもある「ネクストカンパニー」は、**2020年代を突き抜けて繁栄していく次世代の会社**をイメージして名づけたものです。

われわれ中小・ベンチャー企業の戦い方は、当然ながら、大きな会社とは違います。磨き上げられた技術で、一緒に働きたい仲間と、高い価値を備えた商品をつくり、その価値を理解する人に届ける。そうすることで、この「ネクストカンパニー」に近づいていくはずです。

本書が少しでもそのお役に立てるなら、これほど嬉しいことはありません。

2021年8月

別所 宏恭

第1章　日本と日本企業が直面している不都合な真実

第2章

質の高い情報を活かし切る
——あらためて押さえたいビジネスの前提条件

第3章

日本と日本企業が変わるべき姿 ——ビジネスにおける「場」とデジタルの意味

第4章
2020年代を乗り越えるために
——経営、人、そして具体的な方向性

校正／小倉レイコ

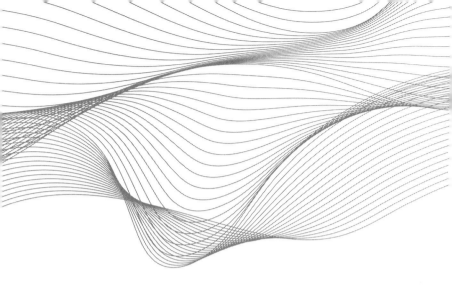

第 1 章

日本と日本企業が直面している不都合な真実

SECTION 01

もう日本では「高品質で安く」はつくれない

この章では、2020年代の経営を考えるにあたって、われわれが今、直面している状況を踏まえつつ、解決の方向性を考えていきます。まずは前提として、マクロの視点で労働市場がどんな状態にあるのかを見ていきましょう。

結論から先にお話しすると、マクロで眺めれば、今後は労働者1人を雇うためのコストが上がり、これまでのような薄利多売のビジネスが通用しない時代になります。

ここで着目するのは3つ。**「労働人口」「労働時間」「労働者の年齢」**です。

①働く人の数はどうなるか？

まずは今後の「労働人口」から考えてみます。図表1は、日本における2015年から2065年まで50年間の総人口の推計と、そのうち15〜64歳の人口（生産年齢人口）の推移を表したもの。これによると人口は、2015年時点の約1億2709万人から、今後四十数年で約8808万人へと、約31％、3900万人以上も減ると予測されています。

このうち生産年齢人口は、2015年の約7728万人から2065年の約4529万人へと約41％、3200万人弱も減ることになります。**総人口の減る割合と比べると、こちらの生産年齢人口の減る割合のほうがより深刻**だといえるでしょう。

この間、65歳以上の人口が総人口に占める割合は26・6％から38・4％へと約12ポイント増加しますが、15〜64歳の人口

図表１　人口と生産年齢人口の将来推計（中位推計）

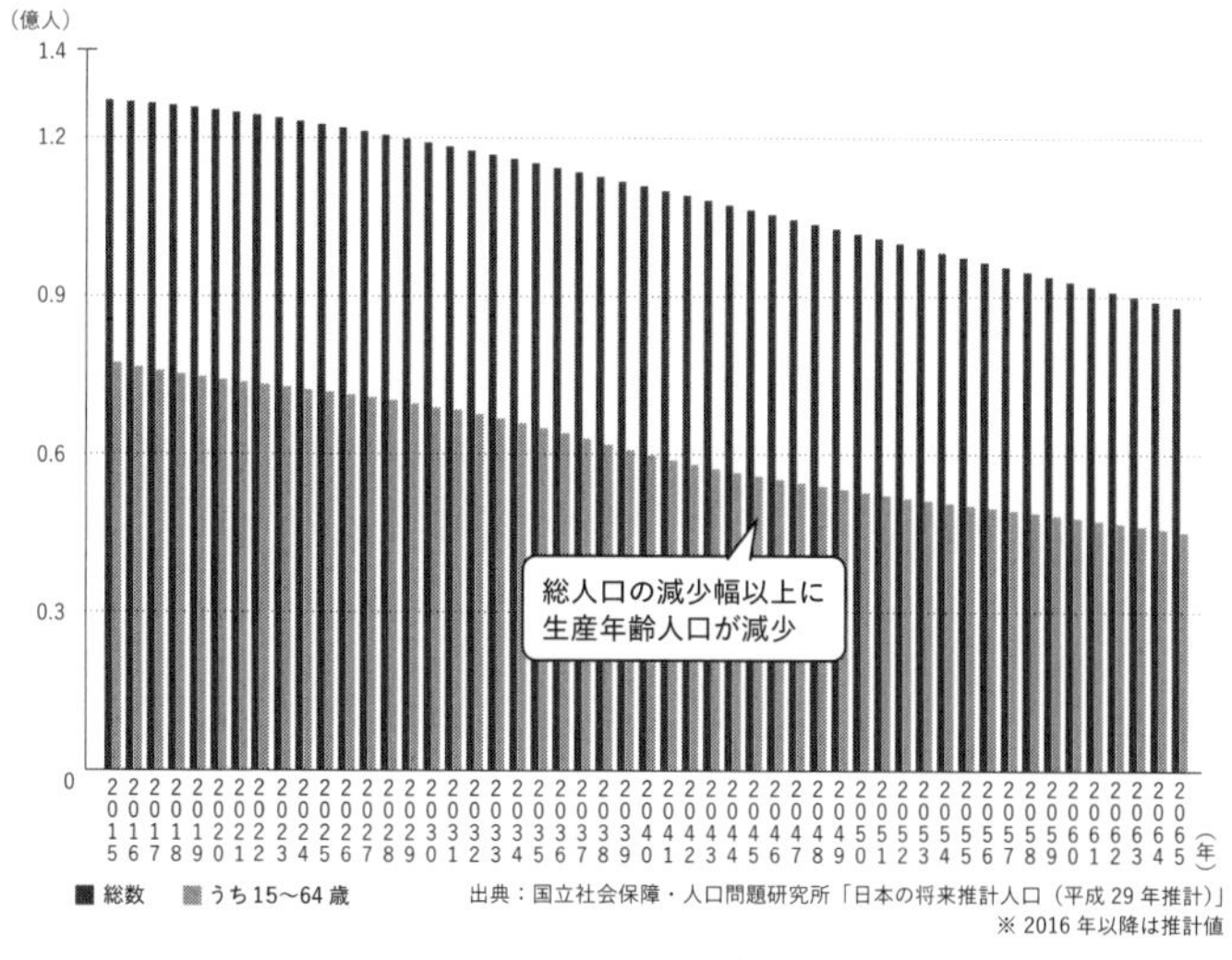

出典：国立社会保障・人口問題研究所「日本の将来推計人口（平成29年推計）」
※ 2016年以降は推計値

割合は60・8%から51・4%へと約9ポイントも減っていくのです。

もうひとつ、2020年までの約35年間の生産年齢人口や労働力人口などの推移をまとめたのが図表2です。

労働力人口とは、「労働可能な能力と労働の意思を持った15歳以上の人」と定義されています。具体的には就業者と完全失業者を合わせた数で、学生や専業主婦・高齢者・病弱者など労働能力または労働意思のない人は含まれません。

これまで生産年齢人口が減ってきたことや、女性・高齢者の就業者が増えてきたこともあり、労働力人口は生産年齢人

図表2　生産年齢人口・労働力人口の推移

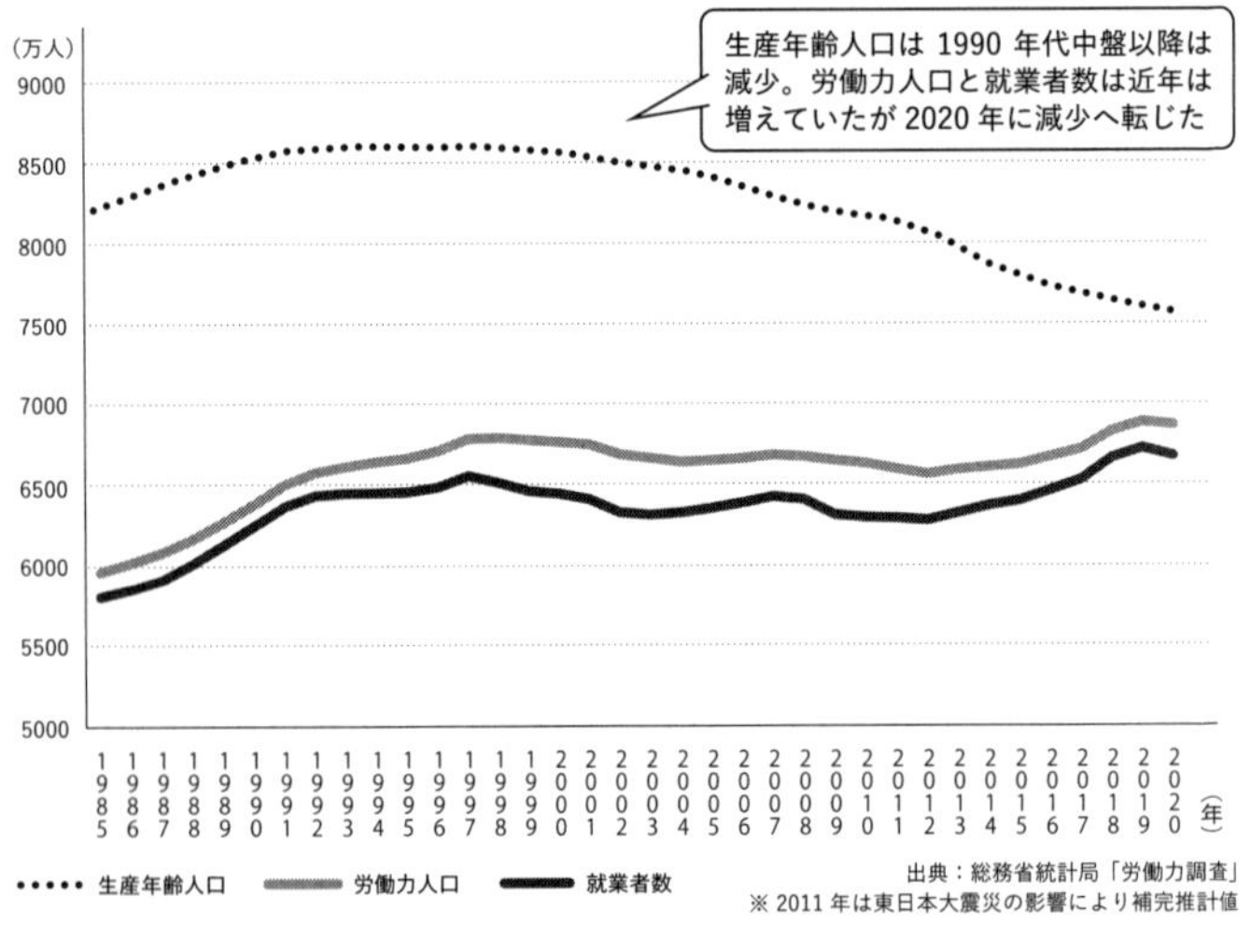

出典：総務省統計局「労働力調査」
※ 2011 年は東日本大震災の影響により補完推計値

口に近づいていました。が、２０２０年には減少に転じています。

要するに**これからは、働き盛りの世代が、数としてもぐっと減ることになる**のです。

②働く時間はどうなるか？

「労働人口」に続いては、「労働時間」についても見てみましょう〈図表３〉。

労働者１人当たりの年間の労働時間数は、１９９５年の１９１０時間から、２０１９年は１６６９時間へと減少。ちなみに１９６０年代は２２００時間程度だったため、そこから考えるとかなり大

図表３　労働者１人当たりの年間総実労働時間

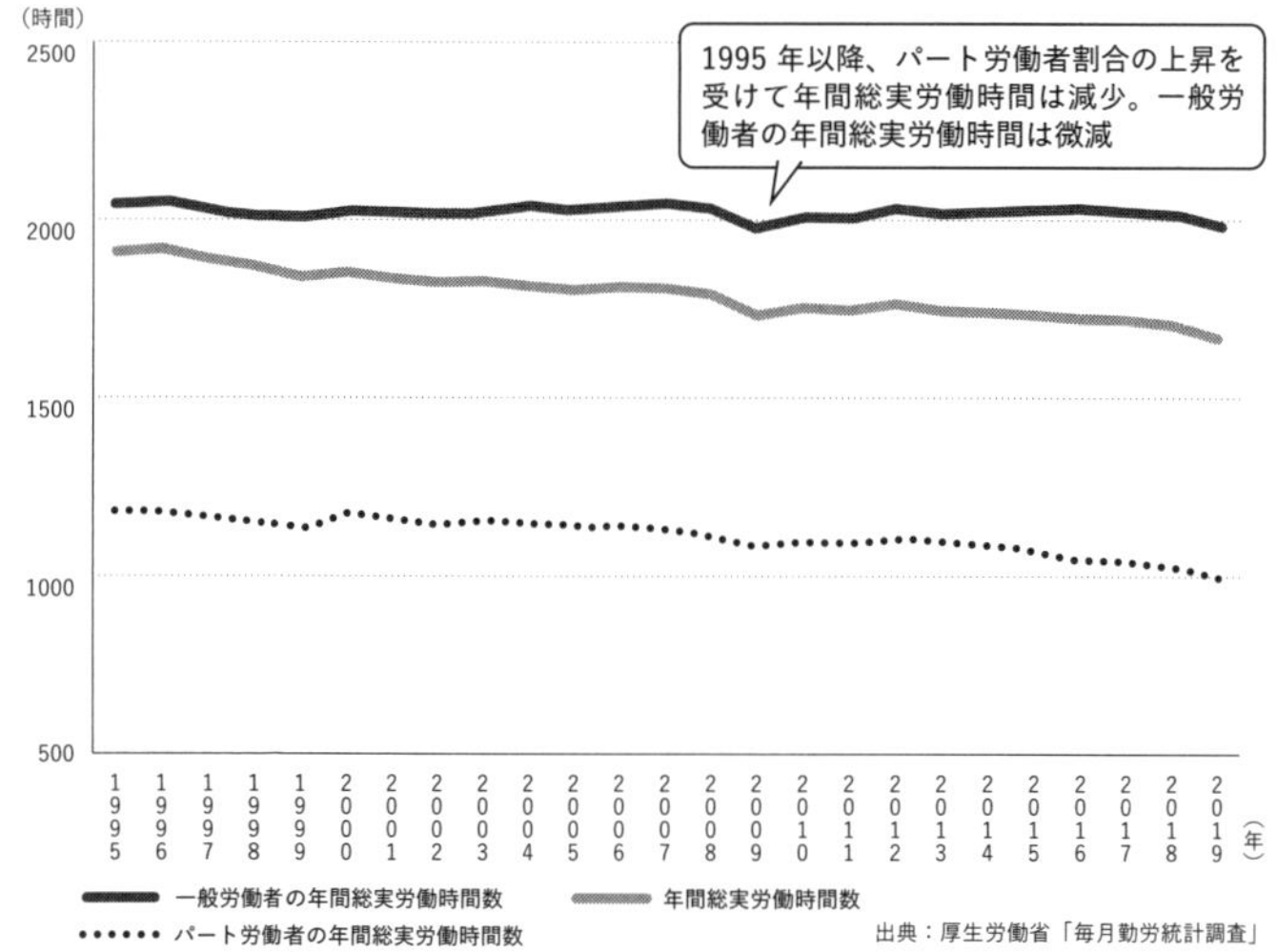

出典：厚生労働省「毎月勤労統計調査」

きく減っています。

ただし、これはパートタイム労働者が増えたことも一因といわれます。実際、一般労働者（就業者からパート労働者を除いたもの）の労働時間数は、近年は微減しているものの、おおよそ2000時間前後で推移しています。

なおパート労働者の割合は、1995年には14・5％でしたが、2000年に20・3％、2010年に27・8％、2019年には31・5％へと、ここ四半世紀で大きく上昇しています。

もちろん、パート労働者が以前よりかなり増えているとはいえ、**全体として「労働者1人当たり」では労働時間が減っていく傾向にあるのは間違いありません**。実際、国としても、労働時間についての規制を年々厳しくしています。ここに「サービス残業」も少なからず入っていると考えられますが、これはのちほど見ていく生産性にも広い意味で関わってくる問題です。

③働く人の年齢はどうなるか？

「労働者の年齢」についても見てみましょう。図表4は就業者の年齢層を6つに分けて、それぞれの年の就業者における内訳を表したグラフです。

就業者数全体を見れば、１９８５年の約５８０７万人から、２０２０年には約６６７７万人へと増加。その中で、44歳以下の３つの層は、細かく見れば増減はありますが、１９８５年と２０２０年を比べると、それぞれ１２０万〜２２０万人ほど減っており、就業者数全体に占める割合も減っています。

逆に、**45歳以上の３つの層はいずれも増加しており、とくに65歳以上の層は約２９６万人から９０６万人へと３倍以上に増えています。**これはこの間に「65歳までの雇用」が義務化されたことが大きいのですが、２０２１年４月からはさらに一段進んで、「70歳までの雇用」が努力

図表４　就業者数の年齢階級別推移

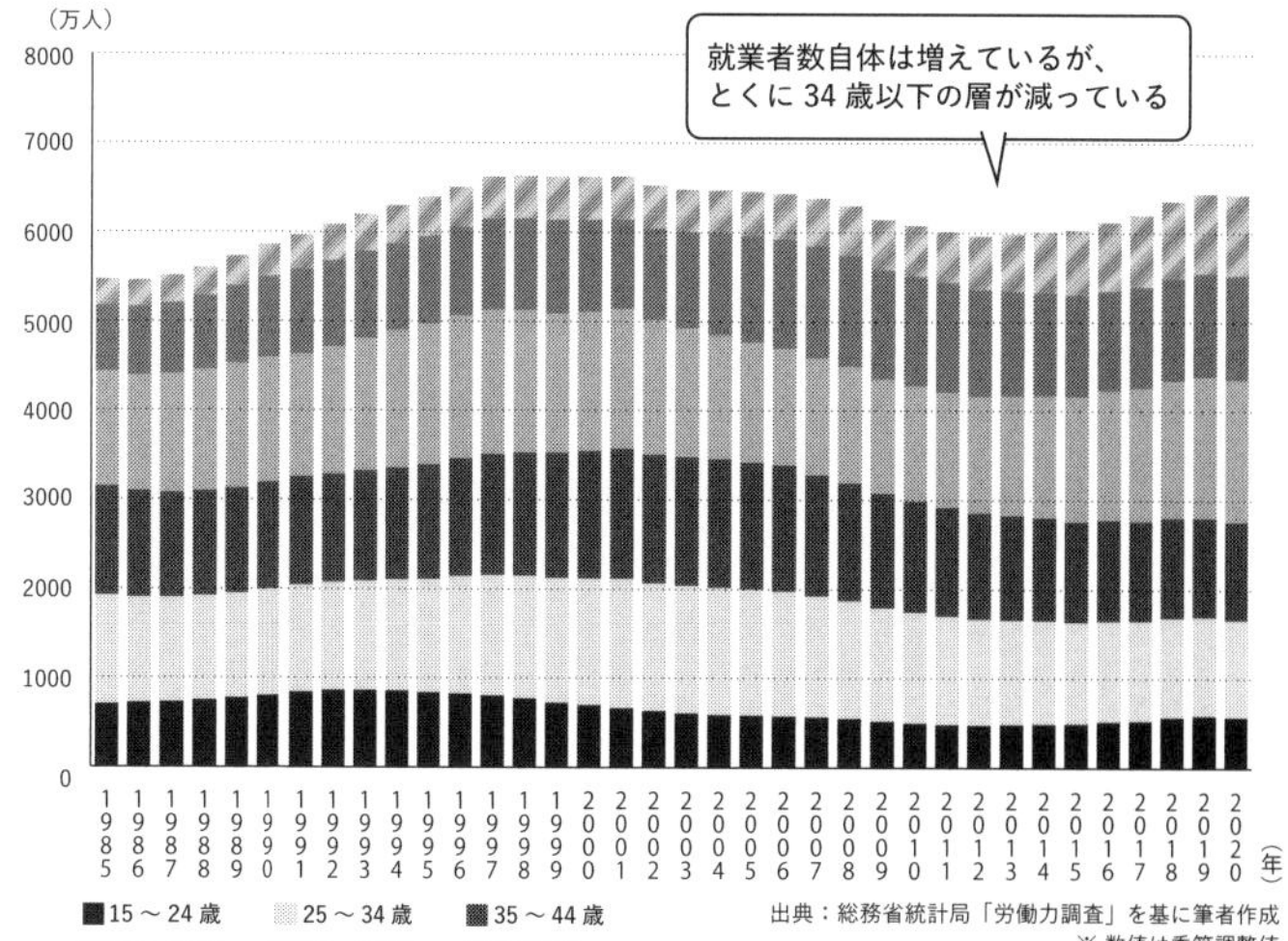

出典：総務省統計局「労働力調査」を基に筆者作成
※ 数値は季節調整値

義務になっています。これが完全に義務化される日が来ることも想定しておかなければなりません。

いずれにしても、労働者の平均年齢は以前と比べて上がっている。景気など外的な要因もあり、以前と比べると年功序列の要素が薄くなっている面はあるものの、基本的には年齢が上がれば経験相応の給料を払う必要はあり、雇用コストは上がるのが普通です。また、学生数が減っていますので、学生アルバイトなど比較的安価な労働力も、企業としては活用しづらくなっています。

ここまでをまとめます。

マクロ視点では、**日本は「労働人口が減る×1人当たり労働時間が減る×労働者平均年齢が上がる」という三重苦が進んでいる状況にある。そして企業が労働者1人を一定時間雇うためのコストは確実に上がります。**

また、少子化・高齢化が進む中で、健康保険や介護保険、公的年金の制度を維持するために、これまでも社会保険料は上昇を続けてきました。従業員一人ひとりの負担が増えるだけでなく、半額を払っている会社の負担も当然ながら増えますので、この点でも人件費コストは以前と比べて大きく増加してきています。

こうした状況が何をもたらすか？

もはや単なる労働集約型の産業は、国内では生き残れなくなります。**われわれは、これまでの「いいものを安く大量につくり、たくさん売る」という考え方を、根本的に変えなければならないところまで追い込まれている**のです。

また、図表5に示すように、日本の国民1人当たりのGDP（棒グラフ）は順

図表５　日本の１人当たりGDPとOECD加盟国での順位の推移

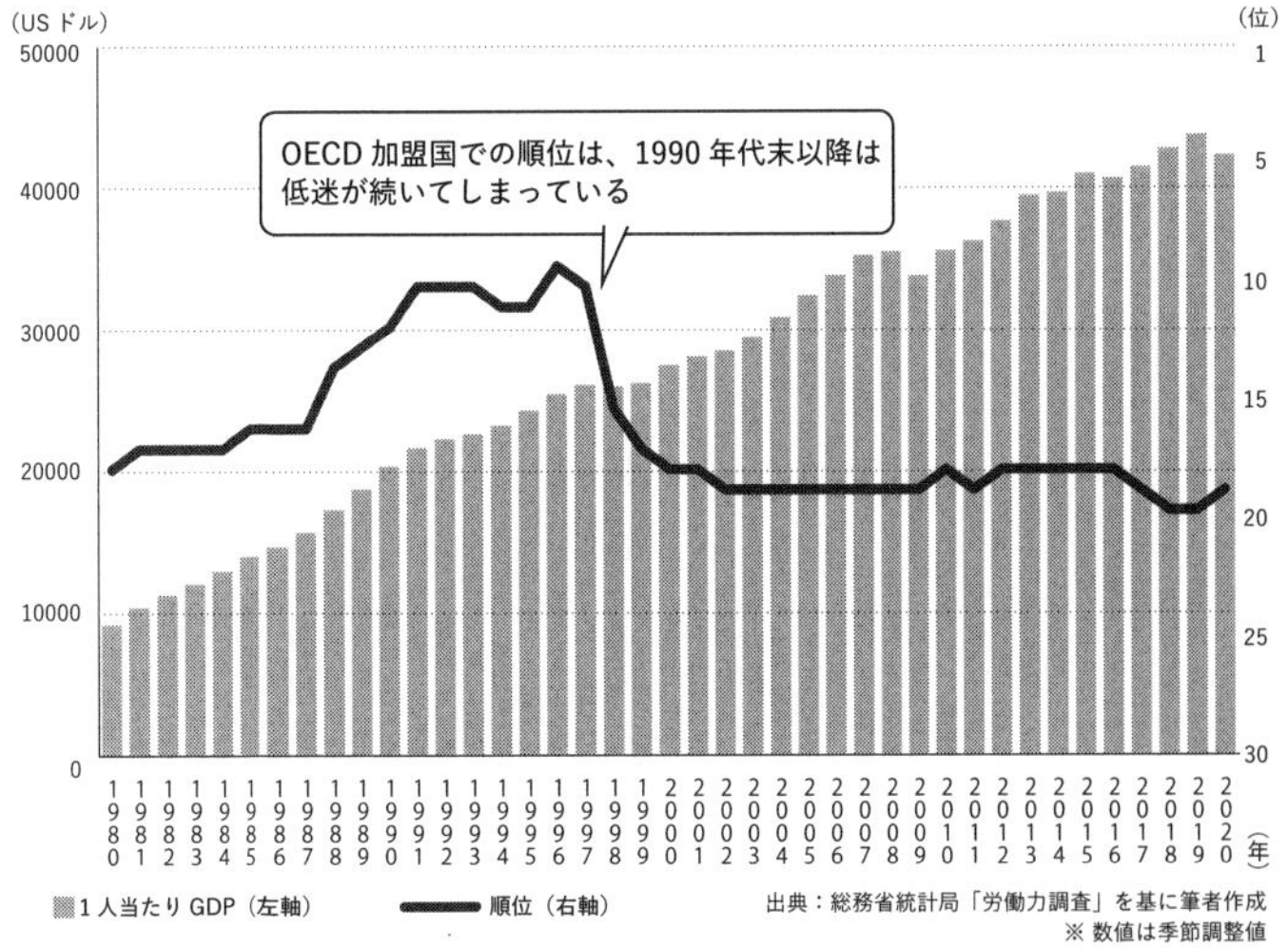

出典：総務省統計局「労働力調査」を基に筆者作成
※ 数値は季節調整値

調に増加を続けているように見えます。しかし、折れ線グラフで記載したＯＥＣＤ（経済協力開発機構）の加盟国中での順位を見てください。日本は１９９０年代には10位前後まで上がったものの、その後は長く低迷を続けています。

ＯＥＣＤは加盟国の数自体も徐々に増えており、１９８０年代には24カ国だったものが、２０００年時点で30カ国、２０１０年時点で34カ国、２０１９年時点で36カ国となり、２０２１年６月時点では38カ国となっています。

発展途上国を支援する側の国が加盟する国際機関ということで、「先進国クラブ」とも呼ばれるＯＥＣＤですが、とくに近年はいわゆる新興国も加盟しています。そして現在の日本は、残念ながらそれらの国々を含めても「下から数えたほうが早い」位置に甘んじているのが現状なのです。

SECTION 02

「コスト削減」に未来はない

こうした経済の先行きへの危機感から、あるいは景気の影響もあって、多くの会社では、さまざまなコスト削減の取り組みを行っていると思います。

こまめに照明や空調のスイッチを切ったり、コピー機の紙として裏紙を使ったり、会社によっては少しでも交通費を安くするために、時間がかかっても安い路線をわざわざ使って打ち合わせに行かせたり……ということもあるかもしれません。

これらは本当に効果があるのか不明な部分もありますが、とくに製造業であれば、もっと厳密で科学的なコスト削減を日ごろからしているはずです。たとえば、1工程当たりの時間をコンマ単位で削ったり、工場内のモノの配置を効率化したりと、それこそ血のにじむような努力を当たり前にされているでしょう。

ただ、とくにこれからの時代は、コスト削減の効果がこれまでのようには儲けにつながらなくなってきます。

それはなぜか？


実は「コスト削減」は、あることが前提になっています。

それは「**今、これを、こういう形でつくるのが正しい**」ということ。この点を大前提として、「現在」に特化して効率化を進めていくのがコスト削減の考え方です。

これまで日本の製造業は、従業員をうまく巻き込みながら、「乾いた雑巾をさらに絞る」と表現されるような地道で細やかな改善活動を続けてきました。そのおかげで、品質を高めつつコストを下げることを可能にし、高品質かつ安価な製品を世界中に提供してきたのです。

ただ、この考え方が通用していたのは、「いいものを安く大量につくり、たくさん売る」ことで儲けていられた時代までです。


新しい技術がどんどん出てきて、消費者の嗜好も目まぐるしく変わり、結果として商品のライフサイクルが短くなっている現在。製造業に限りませんが、商品ごとに血のにじむようなコスト削減をいくら積み重ねようが、売れなくなってしまえばすべてが水の泡です。また、売れ筋自体が大きく変わっていく中では、今あるものを改良しても、おのずと限界が訪れます。

いずれにせよ、「コスト削減」で儲かっていた時代はすでに終わり、ゼロベースで考えて商品をつくっていかないと儲からない時代に突入しているということです。

もちろん企業の基礎的な能力として、コストを抑えつつプロダクトをつくっていくノウハウは必要ですが、無駄を極限まで省いてコスト削減していっても、もはやそこに「明るい未来」は訪れません。

何を、どんな形でつくるのが正しいのかという前提自体が変わっていくのですから、それに特化しすぎるのは逆に危険。注力すべきはそこではないのです。

「最適化」をしすぎてはいけない

コストダウンは「最適化」の一種といえますが、より大きな視点でいえば、コストダウンに限らず、「現在に最適化しすぎない」ことが重要です。

商品やサービスのアイデアを生み出し、リリースするまでには、**「現場で情報を集め、社内で共有して分析し、アイデアを練って商品開発する」**＝**「企画」**という一連の流れがあります。

「企画」は業種にかかわらず、企業のコアとして普遍的な役割を担っており、この部分については、今後も徹底的に最適化した仕組みづくりをするべきです。

ここでいう「やってはいけない最適化」とは、あくまで「今やろうとしているビジネス」に対してのものです。

具体的に「最適化」のどんな点が問題になるのか？　それは、そもそもの大枠である**現在のビジネスに対する「最適化」が度をすぎてしまえば、「それしかできないプレーヤー」になってしまうこと**です。そうなると、そのビジネスが通用しなくなったとき、儲からなくなったときに、身動きが取れなくなってしまう危険があるのです。

2000年代に、シャープは液晶テレビ「アクオス（AQUOS）」で一世を風靡し、三重県の亀山工場で一貫生産する液晶テレビをブランド化して「世界の亀山モデル」と謳っていました。吉永小百合さんが出演したテレビCMを覚えている方も多いでしょう。

この勢いを駆って、シャープは液晶ディスプレイのパネル生産のために、2009年設立の大阪・堺工場（当時）など莫大な投資を実施。さらに生産能力を高め、液晶パネルのビジネスへの「最適化」を進めます。

その一方で、ソニーや東芝などほかのメーカーへのパネルの外販が想定したほどにはうまくいきませんでした。そうこうしているうちに世界的なパネル価格の低下などに巻き込まれて韓国のサムスンやLGに敗北を喫し、結果として台湾・鴻海《ホンハイ》精密工業の傘下となったのは、記憶に新しいところです。

もうひとつ例を挙げましょう。アメリカの半導体メーカーとして誰もが知るインテルは、PCのCPUをほぼ独占していましたが、近年は同じくアメリカのAMD（Advanced Micro Devices, Inc.）などの存在感も増しています。

これはインテルがPCに「最適化」しすぎて、モバイル時代の流れを逃してしまったことも大きな原因と考えられます。覇権を握ったフィールドに根を張りすぎたためか、CPUの半導体の「微細化」と呼ばれる技術革新の流れにおいて、近年は後手後手に回っており、その間にAppleは自社開発のCPU「M1」を完成させています（正確にはCPUではなく「SoC＝System on a Chip」と呼ばれる、システムを動かすのに必要な重要機能を1つのチップに載せたプロセッサ）。

現状では、まだまだ圧倒的な地位を占めてはいるものの、インテルは３Ｄグラフィックスなどの画像処理を行うプロセッサであるＧＰＵ（Graphics Processing Unit）でも失敗しており、Apple製品のＣＰＵが自社開発になっていくことで、大きなダメージを受ける可能性は否定できません。

先ほど、コスト削減をはじめとする「最適化」は、「今、これを、こういう形でつくるのが正しいという前提に立っている」と述べましたが、逆にこうした前提に立つと、「今やっていることは正しいはずだ」という固定観念もまた強くしてしまいます。**商品を企画していく中では、失敗は絶対にあるもの。でも、こうした固定観念が行きすぎると、「外すこと」自体を避けようとして、結果として魅力のない商品ばかりをつくってしまう危険が高まります。**

１９９０年代に、マクドナルドが「１００円バーガー」を打ち出して成功したのを見て、コンビニも「１００円おにぎり」を出して対抗しました。この低価格路線がヒットしたのを受けて、「次は90円だ」となります。ただ、そうして値段を下げていくうちに、どんどんおにぎり自体がまずくなってしまった時期がありました。

テレビの番組制作においても、毎分の視聴率を参考にして細かく分析をすることで、「こういうシーンで視聴率が上がる」「こういう要素を入れるとよく観られる」というのが詳しくわかります。そうしたデータを絶対視して、現在の視聴率に「最適化」を図っていくと、結果的にどのチャンネルでも同じような形式、同じような演出、同じような出演者の番組ばかりになり、かえってテレビ番組全体の魅力を落とすことにつながってしまっています。

また、先ほど述べたように、商品やサービスを生む仕組みについては、普遍的な部分は最適化すべきですが、その仕組みづくりの中で、とくにデジタルツールについては、「今の技術」をベースに最適化しすぎるのは問題かもしれません。

なぜなら、情報の記録や共有などにより適した新しいデジタルツールは、次々にリリースされるからです。そうなったら、本来はツールを乗り換えて仕組みをアップデートするのが「真の最適化」となるはずです。

その切り替えを素早くできる組織ならよいのですが、日本人はとかくサンクコストに囚われがちでもあるので、**意識的に「今のデジタルツールで効率を突き詰めすぎないようにする」**のもひとつの手でしょう。

前時代的なビジネスに最適化した企業の末路

このように、新しいものを使ったり、試したりする分にはよいのですが、そこでは必要以上に最適化せず、常に余裕を持っておくことが重要なのです。

たとえばアイリスオーヤマは、工場のラインのつくり方が特殊で、稼働率を100%に近づけるのではなく、あえて7割くらいしか稼働させていません。つまり3割は遊ばせているわけですが、そうすることで、つくりたい商品ができたとき、その生産をすぐ始められる体制を整備し、さまざまな商品を迅速にリリースして大成功を収めています。

これらの例からも私は、今の時代に100%最適化してはいけないと考えます。

これは何も工場のラインやデジタルツールに限った話ではなく、人材についても同様のことがいえます。

パワハラやセクハラが横行しながらも成果を出してきた企業もあると思います。ただ、それは「古い時代に適したビジネスに、極限まで（悪しき）最適化がされている」のかもしれません。昭和の時代ならよかったのかもしれませんが、21世紀に入ってからでもすでに20年をすぎた令和の現在、こうした「前時代的な価値観の人材」と「中小・ベンチャー企業がこれから手掛けるべきビジネス」との相性は最悪です。こうした価値観の人材が要職にある会社は、本当の意味で変わろうとするなら、人員の大きな入れ替えも必要になるでしょう。

企業の体質や気質は、当然ながら人と密接に結びついています。現在、「前時代的な何か」に最適化してしまっている企業は、ドラスティックな人事も検討するべきかもしれません。

SECTION 03

日本のすべての企業にとって、「高く売ること」こそが最重要

先ほど「コスト削減に未来はない」「現在に最適化しすぎてはいけない」とお話ししました。では、われわれ中小企業は、どうやって「明るい未来」を見出せばいいのでしょうか？

考え方として最も重要であり、本書の最大のテーマといえるのは、

・高く売る

ということです。

これまで多くの会社では、「コスト削減を強力に推し進めること」が筋肉質で利益率の高い会社をつくることにつながっていました。しかし、**これからの時代、コスト削減や最適化で得られる儲けが否応なく先細っていく。利益の源泉は、「高く売ること」に見出すべき**なのです。

高く売るためのアイデアを生み出すよう期待されるのは、何も経営層だけではありません。

営業や開発・製造など現場のマネジャーはもとより、末端の各部署のメンバーにいたるまで、今や社員すべてが考えるべきことです。当然ですが、**今後は「高く売る方法」を考えられる社員が評価されることになります。**

東京の都心部では、いわゆる高級スーパーなら、以前から有機栽培の野菜を売っていましたが、最近では普通のスーパーでも有機野菜を販売し始めました。値段が高くても、買ってくれる人がきちんといるからです。

従来の農協を通す形の流通だと、基本的に個別の農家は価格を自由に決めることができません。一定の（比較的安い）値段でしか買ってもらえないので、農家もその値段に合わせて生産するために、化学肥料や農薬を使って安くつくるしかない場合がほとんど。日本では「そもそも値段の高い有機栽培の農作物への消費者の理解が薄い」という事情もありますが、世界的に見れば有機農業の割合が大きく増えている現在でも、有機農業に積極的な日本国内の地域農協はそれほど多くないといわれます。

でも、高い値段でも買ってくれる人は、確実にいます。

千葉県内で農業を営んでいる私の知人は、「農業は、本当は儲かる」と話します。たとえば都心部の高級店でしのぎを削る腕利きのシェフたちの中には、特別な方法で栽培された高価な農作物を、「こんな食材があるんだ！」とむしろ面白がって使ってくれる人もいるといいます。ただ同時に、地方で農業に勤《いそ》しむ人の多くは、そうしたシェフと会う機会がなく、そもそも高く売れるという情報を手に入れられない。そのため、高価格帯の農作物を売るという発想も生まれてこないのだそうです。

先進7カ国で最下位の労働生産性

生産性という観点からも、「高く売る」ことを考えてみましょう。

1時間当たりの労働生産性（以下、とくに記載のない場合は、「労働生産性」は1時間当たりのものを表す）は、国単位のマクロ的な視点では次の式で求められます。

1時間当たり労働生産性

＝労働の成果（ＧＤＰ）／労働投入時間（労働者数×平均労働時間）

図表6は、ＯＥＣＤの加盟国における1時間当たり労働生産性と順位の推移をグラフに表したものです。

労働生産性は、グラフの推移を見ると、順調に右肩上がりで成長しているようにも見えますが、とくに２０１５年以降は横ばい傾向で、順位については20位台が続いています。

この日本の状況は、アメリカやフランスなど、ほかの主要国と比べるとどうでしょうか？

主要先進7カ国（Ｇ７）の1時間当たり労働生産性を、２０００年と２０１９年とで比較してみると、残念ながら日本

図表６　日本の１時間当たり労働生産性と OECD 加盟国での順位の推移

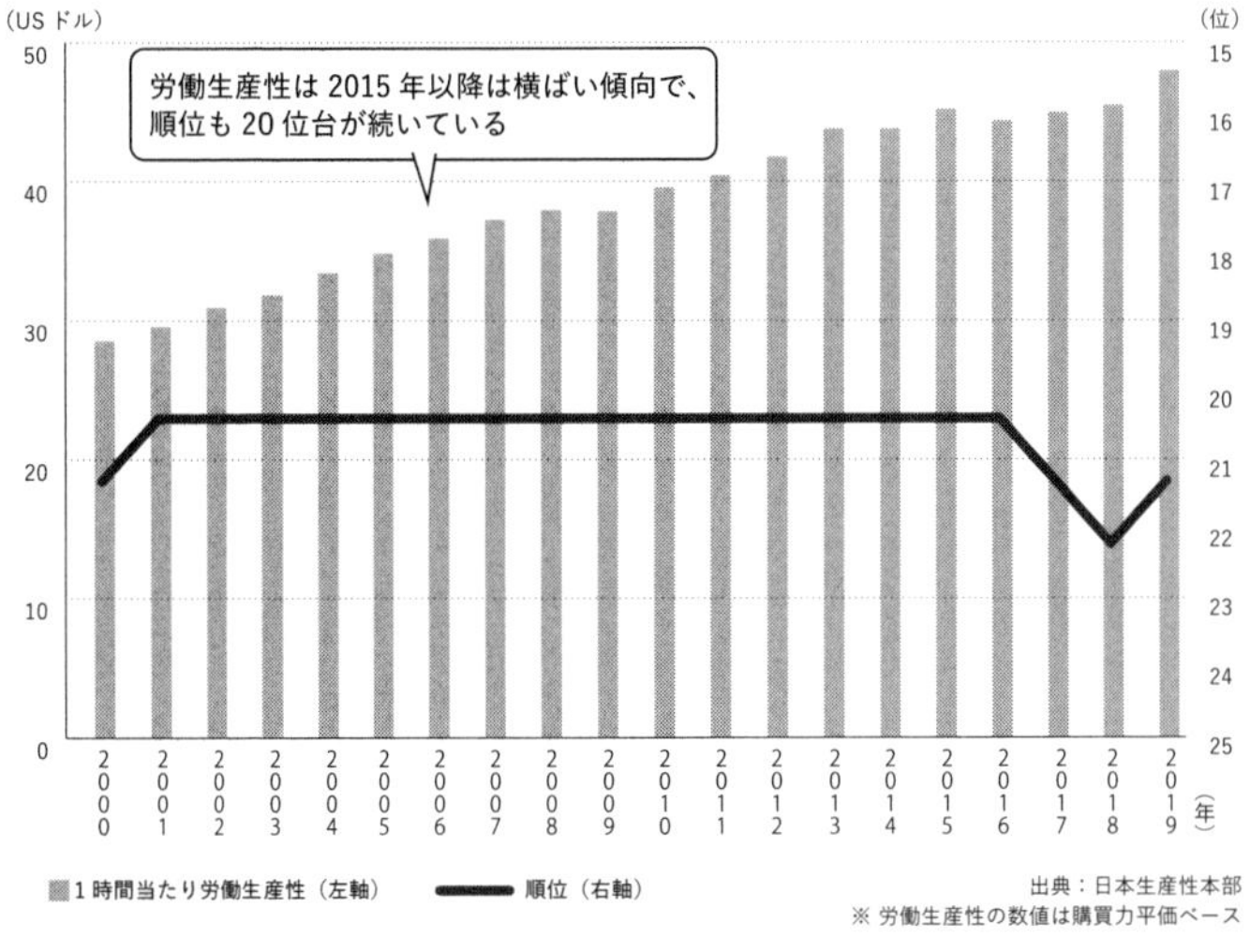

出典：日本生産性本部
※ 労働生産性の数値は購買力平価ベース

はこの20年、G7ではずっと最下位に沈んでいる状態です〈図表7〉。

そもそも産業構造や就業者数（失業者の定義や解雇のしやすさなども関係する）など労働生産性の算出のベースになる数字の定義が国によって違い、日本では非正規雇用（パートタイマーやアルバイト）の割合が高いので日本の数字は低く出ているのだと指摘する人もいます。

確かにそうした側面はありますが、同じ期間の労働生産性の伸びも、イタリアと並んで最下位グループに甘んじてしまっています。

図表を見ておわかりのように、G7の

図表7　G7の1時間当たり労働生産性とOECD加盟国における順位の変化

2000年			2019年			
国	順位	1時間当たり労働生産性（USドル）	国	順位	1時間当たり労働生産性（USドル）	この間の労働生産性の伸長度
アメリカ	6位	40.6	フランス	6位	77.4	194%
フランス	7位	39.8	アメリカ	8位	77.0	190%
ドイツ	8位	38.2	ドイツ	12位	74.7	196%
イタリア	13位	36.2	イギリス	16位	64.6	179%
イギリス	14位	36.1	イタリア	17位	60.9	168%
カナダ	16位	33.5	カナダ	18位	58.7	175%
日本	21位	28.5	日本	21位	47.9	168%

出典：日本生産性本部
※ 労働生産性の数値は購買力平価ベース

トップ集団との差はこの20年でさらに開いており、現在の労働生産性はフランスが日本の約1・62倍、アメリカが約1・61倍、ドイツが約1・56倍。少なくとも労働生産性を今の1・6倍くらいに引き上げないと、トップ集団にはいけません。ただ、今の日本は低い分、向上の余地は大きいともいえるでしょう。

その際、**従来の日本企業のように、安いものをたくさんつくって労働生産性を上げるのではなく、欧米のように、最初から高いものをつくって、最初に「高く売る苦労」をすべき**です。

わかりやすい例は、EV（電気自動車）メーカーであるテスラ。まず、市場規模が小さなスポーツカーで「テスラは高価だが先進的でかっこいいというイメージ」を消費者に心の中にしっかりとつくってから、より販売量が見込めるモデルを発売していきました。こうすることで、のちのモデルで高く売る苦労を軽減することを可能にしたのです。

一方で日本のホンダは、スペシャリティカーであるNSXの2022年年末での生産終了を発表するなど、高価格商品では販売不振が続いています。東京・青山にあるホンダ本社の前に展示してあるのは、スーパーカブや軽自動車ですが（F－1も時々飾っているようですが）、私なら建物のドアや壁を壊して再整備してでも本社の前にホンダジェットを置くでしょう。

なぜか？　ホンダの本社が面している青山通りには、フェラーリやマクラーレン、レクサスなどあらゆる高級車の展示がありますが、プライベートジェットより高価な車、速い車はありません、ブランディングとしては一人勝ちができるはずです。

速く決断し、速く始め、速く修正

前述の通り、1時間当たりの労働生産性は、「労働の成果」を「労働投入時間」で割って求められますが、これを高めるには、単純に考えると、

①分子の「労働の成果」を増やす
②分母の「労働投入時間」を減らす

という2つの方法があります。

①については、前項でも述べたように、コスト削減や最適化ではこれ以上は厳しい状況。「成果」を増やしつつ、かつ現場にとって必要以上の負担増にならないために残された方法と

して、「高く売る」＝販売単価が高く粗利の取れるものを売ることを考えるべきなのです。

また、②については、現状でも一定数の会社は「人手不足」を感じています。帝国データバンク「人手不足に対する企業の動向調査（2021年4月）」によると、現在の従業員の過不足についての質問に、正社員が「不足」していると回答した企業は37・2％。「適正」は47・6％、「過剰」は15・3％となっています。

コロナ禍以前の2019年4月の同じ調査では、「不足」が実に50・3％でしたので、そのころよりは改善しています。ただ、それでも全体の3分の1以上の会社が「人手が足りない（＝こなすべき仕事量が多い）」と感じている。その中で、さらに労働投入量を下げるのは、難しい面もあるでしょうし、従業員側の反発もありそうです。

そこで大事なのが「スピード」です。「仕事を早くして分母たる時間を減らす」ことが、「高く売る」と並んで労働生産性を上げる鍵になるのです。

「スピード」は、これからのビジネスでますます重要になります。**1人当たりGDPにしろ、1時間当たり労働生産性にしろ、その分母は「時間」が関係しています。**

決断を速くする。
すぐに始める。
すぐに修正する。

過去10年と比べて、これからの10年では、この3つを徹底することの重要性が桁違いに高くなるはずです。まず、すぐに始めること。そのためには、決断を速くするしかありません。とくに中小企業ほど、大事な企画は確度を高めたくなるものですが、そうしたマネジメントは今すぐにでも変えるべきです。

あなたの会社に絶対的な優位性がない企画は、大前提として他社でも思いつく可能性が高いといえます。そうした状況下で、確度を高めようと、大切に企画を練ったり、じっくりマーケティングをしたりしていては、追いつき、追い越されてしまう可能性があるので、とにかく「すぐに始めること」が何よりも大事なのです。

確度が低い状態で始める分、うまくいかなくてもしょうがない。ただし、そのような状態で動くからこそ、得られる部分の多い「実データ」も手にすることができます。

そのデータを活かして修正をすぐに行い、また始める、そしてまた修正する、というサイクルを素早くできれば、最初は失敗した商品やサービスでも、当たる可能性は大いにあります。もちろん、そのＰＤＣＡサイクルを回す最中に、他社が参入してきたら、「撤退する」というのもひとつの手です。

アイリスオーヤマや、センサー・測定機器大手のキーエンスは、「他社が参入してきたときには、もうそこにはいない」とよく言われています。似たような商品が出てきた時点で、高い粗利は取れなくなるからです。

また両社は、「決断からリリースまで」の仕組み化も徹底されています。

新しいニーズをすぐに製品化して、一番乗りで売れるように、現場やお客さまを近くで観察し、ニーズを発見したら、すぐに集約して企画・開発が動き出すような組織体制・仕事のやり方が整備され、確立されているのです。

たとえ経営層やマネジャーの決断が早くても、そこから下の動きがゆっくりしているようでは意味がありません。戦略を変えるなら、その戦略で素早く動ける組織に変化させることも重要です。

SECTION 04

「高く売る」ためには何が重要か

では、実際にどうやって高く売るのか？　どうやって高く売れるマーケットを見つけるのか？　その考え方のヒントを、過去の事例から考えていきたいと思います。

日本初のコンビニエンスストアであるセブン-イレブンは、大型スーパーマーケットが全盛だった1973年に立ち上げられました。イトーヨーカ堂の取締役だった鈴木敏文氏が中心となって、アメリカでセブン-イレブンを運営していたサウスランド社と日本におけるライセンス契約を結び、翌74年には東京の江東区に第1号店をオープンします。

そこから50年近くを経て、2020年には国内店舗数で実に約2万1000店、売上は約4兆8700億円という巨大企業に成長しています※。

鈴木氏がセブン-イレブンをつくったのは、「いかに高く売るか」を実現するためだと私は捉えています。

※セブン-イレブンウェブサイトより

折しも第1号店がオープンした1974年に、大規模小売店舗法（大店法）が制定されます。これはその名の通り、大型の小売店舗の出店を規制し、地域の商店など中小の小売店舗の保護・育成を図る法律。こうした法律で規制がなされるくらい、当時の中小の小売店舗が、大規模店の出店攻勢を脅威に感じていたともいえるでしょう。

そうした中で、小規模店舗がスーパーに対抗するために、「安売り」ではなく「高い値段で売れる方法」を徹底的に考えて実現したのがセブン-イレブンだといえます。

最初は都市部の時間のない人や手軽に買い物をしたい人をターゲットに利便性を提供し、定価販売が中心でも、消費者の心の中で「スーパーに決して負けない存在感」を確立していきます。その後はファミリーマートやローソンなど多くの競合が参入し、地方にもどんどん出店を広げていき、2020年には国内の主要コンビニの店舗数は約5万5900店、売上で10兆6600億円という一大業界に発展したのです※。

※ 一般社団法人日本フランチャイズチェーン協会調べ、店舗数は2020年末

コンビニで「高く売る」ために使われたものとは

鈴木氏がコンビニにおいて、「高く売る」ために使った材料が「情報」です。

ＰＯＳ（販売時点情報管理）システムに対応したレジの導入によって、「いつ、どの店で、どんな商品がいくつ売れたのか」という情報がわかる。その情報を分析することで、「この商品カテゴリーの売れ筋商品はどれか」「客数が多いのはどの時間帯か、客単価が高くなるのはどの時間帯か」「この商品は何時ごろに、どんな商品とセットで売れているのか」など、さまざまなことが明らかになります。

そうして、その店の利用者にどんな傾向があり、どんな商品が好まれ、必要とされているのかを徹底的に分析した上で、「近くの小学校・中学校で運動会があるのはいつか」「今年の神社のお祭りや花火大会などのイベントは何月何日の何時ごろからか」といった、地元密着の足で稼いできた情報を加える。そこから「こういう商品が売れるのではないか」と仮説を立てて発注を行い、その結果を検証して仮説の精度を上げていく、というサイクルを回しました。

そうすることで、安易な安売りをせずに、できるだけ高い売値を設定しても、きちんとモノが売れる。売れない商品をムダに置き続けることなく、賞味期限切れなどのロスをできる限り減らして、利益を最大化していくことができたのです。

情報がなぜ重要なのか？

それは、**情報を駆使することで、本当に必要とされるモノを必要なだけ揃えて必要な人に売ることで、結果として「高く売る」ことができるから**です。もちろんこれはコンビニなどに限ったことではありません。どの業種にも、「値引きをせずとも買ってもらえる人」は確実に存在しているはずです。

そして、「高く売る」ためには、より質の高い情報を集めてくることが重要なのです。

「単価が2倍でも売れるおにぎり」をつくれ

セブン-イレブンの例をもう少し続けると、少し前に、「コンビニおにぎりが価格競争でどんどんまずくなっていった」という話をしました。そうした環境の中、セブン-イレブンでは、２００１年に「こだわりおむすびプロジェクト」を発足させます。

これは、おにぎりが１００円で売られていた時代に、その2倍の２００円で売れるような高級おにぎりをつくろうという意欲的なプロジェクトでした。号令をかけたのは、やはり鈴木敏文氏とのこと。

プロジェクトでは、味や食感などに関わるさまざまな評価基準を徹底的に数値化して、開発目標を具体的に設定しました。その一方で、メンバーが家電量販店や日本料理店を回って、どんな器具でどうお米を炊けばおいしいのかを実食したりして、その経験や情報を商品づくりに活かしていったといいます。ほかにも、通常の商品開発でも使っているような顧客の声やデータ、現場の意見など、さまざまな情報を集めて精査することで、より質の高い情報をもとに、「高くても売れるおにぎり」の開発を進めていったはずです。

その成果として、２００１年12月に「こだわりおにぎり」シリーズが発売され、翌年にかけてラインナップも増えていきます。価格帯は２００円とまではいきませんでしたが、１６０円から１８０円程度。こうしてつくられた「こだわりおにぎり」のヒットが、ほかのコンビニの高級路線への参入を加速させることになります。

これをきっかけに、日本のコンビニのおにぎり売り場は様変わりします。従来タイプの「センターカット方式」と呼ばれる、三角形の頂点からフィルムひもを引いて開けるおにぎりが並ぶ棚以外に、和紙包装や特別な具材などを使った多種多様な高級おにぎりの棚も増えていったのです。商品によって違いはあるものの、おにぎりはパン類と比べても利益率が高い場合が多いため、コンビニ大手各社は、今や自前のおにぎり専用工場を国内に数十カ所も設けるほどに力を入れています。

近年では、コロナ禍による大幅な客数減少で、ほかの商品はもちろん、従来タイプのおにぎりでさえ苦戦する中でも、高級おにぎりはコロナ前を超える売れ行きを見せているのです。

売上最大化ではなく粗利最大化を目指す

この章の終わりに、「高く売る」ために強く意識しておきたい、「付加価値」というものの捉え方についてお話ししておきましょう。

そもそも私は、**商品やサービスを考えるときに、この「付加価値」という言葉を使ってはいけない**と思っています。

たとえば、「自動車を高値で売るために、シートにマッサージチェア機能をつける」といった発想は「付加価値」という言葉を意識しているからなのです。そんなものをつけてどうするのか。文字通り「付加」でしかなく、工場での作業が必要な分、小売店でマッサージチェアを売る程度の、少ない利益しか得られないのではないでしょうか。

そうではなく、これからの中小企業が考えるべきは、何となく「あったら嬉しいかも」というレベルではない、顧客が真に認め、欲する価値のことです。

完全自動運転が当たり前になったら、そのようにリラックスできる車内での価値も大いに求められるものになるかもしれませんが、現状では「足しただけ」感が否めません。

私たち中小・ベンチャー企業が追求すべきは、「付加価値」ではなく「高価値」です。そして付加するどころか、その価値を最大化したら、ほかのものは捨ててよいのです。シンプルで美しいバルミューダの家電は好例でしょう。

付加ではなく、削る、捨てる。もしかしたら、そこには「既存の顧客の一部を捨てる」ということもあるかもしれません。

大量販売による「売上の最大化」ではなく、「粗利の最大化」を目指す。これからの中小企業に必要なのは、そんな目線で会社の舵を取る経営者であり、そんな目線で働ける人材です。

また、こうした発想の転換がどうしても生まれないようなら、繰り返すように大胆な人員の入れ替えも必要になるでしょう。人間関係はできるだけ大切にして、楽しく働ける職場を目指すべきですが、沈むことが見えている船を漕ぎ続けるよりは誠実な行いです。

これは、経営者が未来をどのように予測しているかによって、シリアスさが大きく変わる話だと思われますが、いずれにせよ、大量生産・大量消費の時代のビジネスモデルを継続している中小企業は、生き残れない時代になるはずです。

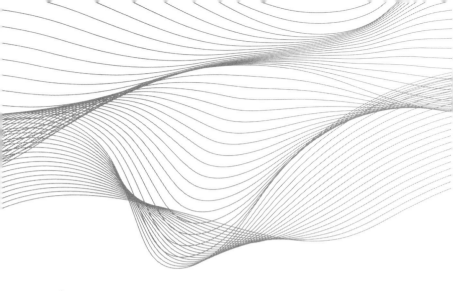

第 2 章

質の高い情報を活かし切る

あらためて押さえたいビジネスの前提条件

SECTION 01

「価値観の差」が利潤になる

「はじめに」でも触れたように、私は、「高く売る」ための手がかりとして、「情報」を非常に重要視しています。とはいえ、「情報は大切だ」と言われれば、誰でも「そうだな」とは思われるに違いありません。

そこで、この章では、私の考える「質の高い情報」とはどんなものなのか、そして、質の高い情報をビジネスに活用していくためには、どのようにするべきなのか、人間のどんな性質を活かせばいいのかといった点を、時代や環境の変化とあわせて説明していきます。

私は科学者ですが、元はエンジニア出身で、1989年（平成元年）にレッドフォックスを設立しました。その後も自ら設計やプログラミングをしながら、さまざまなビジネスをしてきましたが、設立した4年後に、バブル崩壊の煽りを受けていきなり仕事がなくなり、ガムシャラに仕事を探していた時期がありました（なお私は、不可能を可能にするのがエンジニア、人類の明るい未来をつくり出すのが科学者だと捉えています）。

私は地方公務員だった父親から、「一生懸命まじめに働け、嘘をつくな、無駄遣いはするな」と強く言われて育ってきました。そうした言葉に反発する気持ちもあったものの、子どものころから常に耳にしてきた考え方は、無意識に頭に刷り込まれているもの。どこかで「まじめにコツコツ」が正しいあり方だと捉えていたのです。「どうやったら資本主義社会で稼げるか」というルールを知らない、ただの腕のいい職人のようなものでした。

取引先から見れば、いい下請けかもしれませんが、下請けは景気が悪くなれば切られる存在。バブルの崩壊とともに、見事に切られていきました。そうして、まじめにコツコツ働くだけでは立ち行かない状況に追い込まれます。

価値観の差の発見につながる情報こそ〝質の高い情報〟である

当時、経営者・マネジャーとしての力不足を感じていた私は、1日の多くを勉強にも充てていました。そして、何気なく読んだ雑誌の記事の中で、ヨーゼフ・シュンペーター（1883－1950）の衝撃的な言葉に出合いました。

「資本主義社会では、価値観の差が利潤になる」

シュンペーターは、「イノベーション」という概念を初めて提唱した経済学者です。彼の言葉を逆からいえば、「儲けるためには価値観の差を使うべき」ということなのです。

抜き差しならない状況にあった私は、この一文を読んで、ショックで雷に打たれたようになりました。こんなことも知らずに、4年あまりも会社経営をやっていたのか。道理で儲からないはずだ……と。

今となっては記事の内容が何だったのかも思い出せないくらいですが、この言葉だけは、頭の中にはっきりと残っています。

では、価値観の差が、どうやって利潤につながるのでしょうか。

わかりやすい例としては、レコードやCD、本などの中古販売が挙げられます。

インターネット通販サイトや、東京のレコードショップなら数万円で取引されるような貴重なCDが、地方のリサイクルショップでは「100円均一」の棚にあったり、海外で比較的安価で入手できたりすることがあります。

需要に供給が追いついていない商品を、ありとあらゆる手を尽くして大量に入手し、定価より高く売るのは、いわゆる「転売」であって、褒められた行為ではありません。

しかし、このレコードの例のように、価値観の差がある現場、あるいは、それが「もっと価値のあるレコードである」という情報を知らない現場に足を運び、そこでは適正価格として売られている商品を安く仕入れるのは一般的な商行為、単なる「買い付け」です。

このように、「安く仕入れて高く売る」ことが可能なのも、価値観の差があり、それを認識するための情報があるからです。つまり、**〝質の高い情報〟とは、価値観の差そのもの、あるいは、その発見につながる情報**を意味するのです。

需要増を見越して言い値を取れるエンジニアを育成

「価値観の差で儲ける」と言うと、このCDの例のような商品売買の話だけと思われるかもしれませんが、人材においても通用する話です。

私が実践してきた例でいえば、現在のレッドフォックスは自社のクラウドサービスの開発・運営に注力していますが、10年ほど前は、インターネットサービスの受託開発や、エンジニアの派遣なども行っていました。

かつて、「エンジニアの能力は経験値に比例する」と考えられていた時代がありました。「メインフレーム」や「汎用機」などと呼ばれる大型コンピューターが使われていた時代は、実質的にマニュアルがありませんでした。もしものことがあったら大問題なので、経験の浅いエンジニアが実機を触らせてもらうまでには数年を要します。そのため、実際に経験値と能力が比例していた例も数多くありました。

しかし、私が仕事でプログラミングを始めたころには、すでにオープンソース（プログラムの設計図であるソースコードを公開し、誰でも自由に利用・変更・改良が可能なソフトウェアや、その公開されているコード、もしくはそのような開発手法のこと）が主流となっていましたし、インターネット社会の発達によって、2010年くらいの時点でも、幼いころからプログラミングに親しんでいる人は珍しくありませんでした。

要するに、今は才能がある人なら、すぐに稼げるエンジニアになれる時代なのです。

ただし、そのためには、需要に見合った技能が必要不可欠です。

プログラミングとひと口に言っても、その方向性はさまざまで、プログラミング言語も多種多様です。その需要には明確なトレンドがあり、「このプログラミング言語でこれをつくれば儲かる」と判断されると、一気にその市場が立ち上がり、数多くの企業が参入してきます。

そうなると、ほぼ確実にエンジニアの供給が不足します。稼げると知り、ほかのプログラミング言語を得意としていた人が勉強して参入してくることで、供給も増えるものの、需要はそれ以上に増えます。結果、これまではトレンドが確立されてから、エンジニアの供給が行き渡るまでに約2年かかっていました。

裏を返せば、流行中のプログラミング技能があるエンジニアなら、その能力を2年間は言い値で「高く売れる」ことになります。

そこで私は、才能ある若者を採用し、「これから求められる技能」を身につけてもらい、派遣する業務に力を入れました。素質の高い人をきちんと選ぶことができれば、短期間で数年間の経験を持つエンジニアに負けない戦力に育てることも可能です。

メインフレームの時代とは違って、エンジニアの値段は能力に対してつきますが、給与の相場自体は新卒など若い人のほうが低いので、そこにある価値観の差によって利潤を得られたわけです。

理屈としてはシンプルですが、この手法で儲けるには、「次に流行するだろうもの」にヤマを張る必要があります（また、この事例の場合は、エンジニアの素質を見極める目と、的確な教育のメソッドも大切ですが）。

そして、この勝負を「ギャンブル」ではなく、「勝ち目の大きい投資」にするために何よりも重要なのが〝質の高い情報〟なのです。

自分と顧客の価値観の差を探す

この儲け方を一般化すると、「**自分がつくれたり、安く買えたりする商品・サービスで、なおかつ顧客が高く買ってくれるものを見つける**」と要約できます〈図表8〉。その出発点は、「価値観の差」を見つけることです。

この手法は、もともとは大きな国家や大きな企業に有利なものでした。

時代をさかのぼれば、中世は、遠距離でのモノや情報の移動に、大変なコストと時間がかかっていました。そこにあった価値観の差を、過去のデータを活用した天候予測、海運技術の発展や航路の発見による大量輸送、食料保存の技術といったイノベーションや資本力で削減することが大きな利潤を生んでいました。

たとえば、砂糖や胡椒を産地から船で大量に輸送することで、莫大な利益を挙げていたわけです。

近代になると、産業革命によって、新たな手法が加わります。

価値観の差を「場所による差」に求め

図表8　価値観の差が利潤になる

価値観の差を見つける ▶▶▶ 商社

・遠距離輸送（海運技術・航路・資本・情報格差）

価値観の差をつくり出す ▶▶▶ ブランド（＝ライフスタイル）

・産業革命（製造コストを劇的に下げ大量に売る）
・マスメディア（消費者の購買意欲を高める）
・内燃機関（鉄道を廃業させ車社会をつくる）

価値観の差を集める ▶▶▶ コンビニ、メルカリ

・IT技術による収集コストの劇的な低下、いわゆるロングテール

「価値観の差」を活用する方法

・顧客や供給者、競合などの間の価値観の差を観察する
・価値観の差を見つけるか、価値観の差をつくり出す
・価値観の差を維持する、価値観の差の増減を観察する
・自社の利益の根源が、どんな「価値観の差」なのかを把握する、再定義する

るのではなく、自国や地元の消費者に売るモノの製造コストを下げ、自国や地元で製造して販売数量を増やす。1個当たりの利潤は、貴金属にたとえられた香辛料ほどの数字ではないものの、トータルで莫大な利潤を挙げることが可能となりました。

また、さらに時代が進むと、印刷技術や通信・放送技術のイノベーションによって、広く消費者の購買意欲を高める手法も生まれました。純粋な製造原価以外に、「ブランド価値」を商品に乗せることが可能になり、情報を駆使して価値観の差を広げる（同じ商品の価値をより高める）手法も生まれました。

そして現代は、コンピューター技術によって、大量の情報処理を低コストで高速に行うことができるようになり、小さな価値観の差を大量に集め、高速に処理して利益を生み出すことも可能になりました。これにより、生産・製造の当事者やその関連事業以外でも、価値観の差を大きな利益につなげることが容易になったのです。

個人的に印象に残っているのが、現在、不動産・住宅情報サイト「HOME'S」の運営企業・株式会社LIFULLのトップとして活躍されている井上高志さんに伺った話です。

井上さんは、独立前は大手マンションデベロッパーのリクルートコスモス（現・コスモスイニシア）にいました。新人時代、住宅ローンの審査が通らなかった若い夫婦のために、競合他社の物件まで含めて片っ端から紹介し、その結果、彼らは競合他社のマンションを購入してしまったそうです。当然、それを知った上司からは大目玉を食らったとのこと。

ですが後日、その夫婦がわざわざ井上さんのところにお礼を伝えに来てくれたといいます。そのときの夫婦の満面の笑顔を見て、「あらゆる不動産情報を提供する仕組みをつくり、こうした笑顔をもっと増やしたい」と思ったそうです。

問題は、それでも儲かるビジネスモデルを発明することですが、このころは、ちょうどインターネットが普及してきた時期でした。

消費者は不動産情報誌など広告ベースの媒体で物件を探しますが、媒体の性格上、広告宣伝費に見合う物件しか掲載されません。つまり売買でも賃貸でも、割高の物件、不人気な物件、高額な物件の情報しか得られないのです。私は19歳のときに、家賃2・5万円で4畳半、風呂なし、トイレ共同の安アパートに住んでいましたが、こうした物件は、地元の不動産屋さんまで行かないと見つかりませんでした。

そうした「伝統」が続いていた時代に、井上さんは不動産業者向けに「月額1・5万円で物件載せ放題」のサービスを開始します。インターネットは紙の雑誌と違い、印刷・運搬・販売などのコストはかかりません。情報を集めるコストも、提供するコストも、大幅に低くなります。つまり、**コンピューターとネットを使うことで、小さな価値観の差を低コストで大量に集めることが可能になった**のです。おかげで当時の「HOME'S」は情報が集まりすぎて、サーバー負荷が想定を超え、検索や表示速度が遅かったのを覚えています。

情報量が豊富であれば、自然に消費者が集まってきますから、この仕組みがその後の大成功につながったのです。

SECTION
02

営業の仕事は「売りに行く」ではなく「情報を取りに行く」こと

前項では、ビジネスにおいて「価値観の差」をどう活用するかについて述べましたが、これからの日本企業は、そのためにどんな手法を採用するべきなのでしょうか。

前章でも述べたように、私は「高く売る」こと、より厳密にいえば、「高く売れる商品・サービスを開発すること」が唯一の道だと考えます。

大量生産をベースにした薄利多売で儲けることとは、現代でも不可能とはいいませんが、高品質な商品のコモディティ化は止められません。少なくとも、ごく一部の大企業を除けば、その土俵で戦うのは難しいでしょう。また、人口減少社会に突入した日本においては、大企業ですらも大量生産と薄利多売の戦略は難しくなっていくはずです。

家電メーカーのパナソニックの動きは、実に象徴的です。

2012年3月期、2013年3月期と、2年連続で8000億円近い赤字を出した同社の津賀一宏社長（現会長）は、13年3月期の見通しを５００億円の黒字から７６５０億円の赤字に大幅に引き下げることを発表した記者会見で、「価格が下落した世界で売上高を追求すると収益をより悪化させる」「収益優先に転換し、価値観を変えたい」と述べています。

そして翌期に１０００億円以上の黒字を出し、その後も売上は上下しながら、COVID-19の影響を受けた２０２０年度を除けば、確実に黒字経営を続けています。

津賀氏は２０２１年６月付で社長を退いて会長に就き、今後の同社を支える柱を確立できなかったと評価する向きもありますが、商品を見ると明確なビジョンを感じます。

２０１５年に発売したドラム式洗濯乾燥機「キューブル」は象徴的な例です。ほかのドラム式洗濯乾燥機と比べても高価で、価格コムの最安値でも20万円前後（２０２１年5月末現在）という高級機ですが、まさに先述の発言を裏打ちする商品です。

情報から企画が始まる

このような高額商品をヒットさせるには、この項の見出しにもあるように、「情報を取りに行くこと」が大切になります。

どれだけ凄い技術が込められていても、消費者に喜ばれなければ、単なる技術自慢に過ぎません。とくに海外では、日本人になら響くような「技術の差」が、売るための武器にならないことも多々あります。日本の家電が世界で失速したのも、それが大きな要因のひとつでした。

一方、たとえば韓国のLGやサムスンは、子どもらが勝手に開けられないようにするために、「冷蔵庫に鍵をつける」というローカライズを施してインド市場を席巻しました。日本の家電メーカーは、技術の差ではなく、現地・現場のニーズという情報の差で敗北したのです。

まず、情報から始める。顧客のニーズを掴み、その不満や課題の解決に高い技術を注ぎ込む。この順番で商品開発をすれば、高額商品であっても、狙ってヒットを打つのは可能だということです。

パナソニックは、収益優先の戦略に方向転換するだけでなく、情報の取り方も、どこかのタイミングで変えているように見受けられます。

具体的には、女性の意見を開発にしっかりと取り入れていると感じるのです。

たとえば、同社が2019年モデルの冷蔵庫で投入した「クーリングアシストシステム」は、冷凍と冷却にかかる時間を大幅に短縮し、冷凍された食材の品質向上なども実現しています。

朝につくったお弁当の粗熱を取る時間や、離乳食を冷ます時間などを短縮できれば、その分を別の家事や息抜きに充てられます。そもそも論でいえば、家事を担う男性がもっと増えるのが理想ですが、現状では料理の現場に立つのは女性がまだまだ多い。そんな現場の声をしっかりと拾い上げ、商品開発に活用していると推測します。


中世の貿易のように、遠く離れた場所で砂糖や胡椒を大量に仕入れて運び、別の高値がつく場所に売りに行く時代はもう終わっています。

フランスの三ツ星レストランで「SAKE」として供される日本酒のように、自国や地元よりも高値で買ってくれる地域がある商品やサービスもありますが、そのような利潤を狙うにしても、まずは情報から入るべきです。

商品ありきではなく、儲けにつながりそうな情報を探す。その上で、「高く買ってくれる人のいる場所」も頭に思い浮かべつつ企画を練る——という順番です。

企画のための貴重な情報を集めてくるのが営業の仕事

ただし、当たり前の話かもしれませんが、ヒット商品につながるような質の高い情報は、簡単には入手できないものです。

多くの場合、顧客は自分自身のニーズに気づいていません。不満や要望があっても、それを明確に解決できる商品やサービスのアイデアはまず出てこない。それが簡単に出てくるようなら、商品開発に苦労はありません。

そこで重要になるのが、ニーズからウォンツ、つまり「これが欲しい」という具体的な欲求を引き出す営業の仕事です。

営業の究極の仕事は、商品ありきでそれを売ることではなく、顧客の潜在的なニーズを客観的に見つけ出して、ウォンツに変えるストーリーを編み出し、「私が欲しかったのはこの商品だ！」と言わせることなのです。

そして、そのためには、人が現場に入らなければいけません。

もちろん、商品ありきで、それを売る営業も大切な仕事です。しかし、真に優れた営業は、顧客のオフィスの中、工場の中、家の中といった現場を見て、顧客の仕事や生活をしっかりと観察します。その中にある不満や要望を引き出し、日常を客観的に見ることで、顧客が明確に言語化できない、日常の平均値と違う何か＝価値観の差を見つけ出すのです。

この営業の仕事のポイントは、「現状では人間にしかできない」という点です。

いつか、スマートスピーカーのＡＩが、平均とは違う生活スタイルを取りながら、充実した生活を送るユーザーを分析し、人間の精神的な充実に結びつく要素を導き出して、商品開発の提案をする時代が来るかもしれません。言うまでもなく、そうした大量のデータ処理からなる商品開発は、そもそも人間には不可能です。

しかし、裏を返せば、少数のサンプルから「違い」を見つけ、そこから購買につながる価値観の差に誘導できる営業活動や商品開発が可能なのは人間だけです。

これから、さらに多くの仕事をＡＩやロボットが代替するだろう未来のビジネスシーンで生き残る企業＝ネクストカンパニーになるには、「人間にしかできない仕事」に注力することが何よりも大切になるはずです。

現場で得られる情報の価値

スピードを活かして、高価値の商品やサービスで儲けるために、あらためてその重要性を説いておきたいのが、「現場で得られる情報」です。

コロナ禍はまだしばらく続きそうですが、逆にいえば、誰でも現場に行ける時代ではなくなっているからこそ、「現場でしか得られない情報」の価値はより高まります。

あるファンドに勤める知人が、大きなプロジェクトについて、「内容を積み上げるところまではインターネット経由でできるが、最終的にプロジェクトを進めるか否かを決断するには、現地に行くしかない」と話していました。

２０２０年、中国企業が約３０００億円の借入金の担保にしていた金塊が、金メッキの施された偽物だったと判明するという事件がありましたが、ビジネスには「騙し合い」の側面もどうしてもあります。その中で現場の重要性が下がることはありません。

本当に重要な情報、顧客のニーズは現場に隠されています。

現場で行う必要のない無駄なことはネット経由にするにしても、**スピードを重視するためと**

はいえ、「現場に情報を取りに行く」という行動自体を削減してはいけません。

優れた企画の出発点は現場です。それを前提として、企画・開発・リリースまでの動きが可能な限り早くなる仕組みを考えることが必要不可欠なのです。

SECTION

03

情報を「覚えていること」に意味はない——社員の思考に影響を与えている要素

情報の重要性について触れましたが、単にさまざまな情報を「覚えている」だけでは、あまり意味がありません。ここでは、**実はほとんどの社員の思考や性質、ひいては情報の捉え方と深く関係している「学校での教育」の問題**について少し考えてみます。

大前提として、日本人は単に「記憶している」ことを「知っている」ことだと考えがちです。この背景には、日本の学校教育があるように思われるのです。

他国の教育にも問題は多々あるでしょうし、日本の学校における教師の負担の大きさたるや、想像を絶するものがあります。現場で働く方々を批判するつもりはないのですが、国が定める学校教育の方針は、いまだに明確な正解が存在するものばかりを重視し、成績をつけようとしすぎていると感じます。30年以上前、私が会社を興した1989年の学習指導要領でも、すでに「思考力・判断力・表現力を重視すること」「主体的に自ら学ぶこと」などを挙げているにもかかわらずです。

明確な正解が存在するとなると、成績に直結する解答のみを「覚える」ことが勉強のメインになり、その解答に自力で到達するために必要な、「知ろうとする能力、考える能力」が育まれません。

「覚える」と「知る」の違い

「覚える」と「知る」はどう違うのか。

たとえば、これは実際に私が小学校で先生から初めて受けた質問なのですが、「人間は卵《たまご》から生まれますか?」と尋ねられたとしましょう。

この答えは、「はい/いいえ」の2択なら、「いいえ」が正解です。

しかし、「いいえ」にたどり着くにも、さまざまな道筋が存在します。

人間の誕生は卵子が受精するところが出発点で、卵子は「卵《らん》」と記述することもあります。

そして、「卵《たまご》」と「卵《らん》」の違いはわからずとも、受精卵のことは知っている児童が「はい」にマルをつけたとしましょう。

この場合、テストなら不正解ですが、多くの正解した児童よりも、この子のほうが卵子のことを、そして世界のことを「知っている」と言えはしないでしょうか？

もちろん、テストに正解できる解答を覚えることも大切です。ただ、そればかりに偏重してしまうと、「知る」ことがおろそかになってしまいます。

古代ギリシアの哲学者であるソクラテスの「無知の知（不知の自覚）」という考え方があるように、知ることで本当に大切なのは、テストの問題と答えを覚えることではありません。それは、問題周辺の、ほんの一部の知識を切り取ったものでしかないのです。むしろ、本当に大切なものは、切り取られなかった分野、その奥に分け入った先にある場合のほうが多いのではないでしょうか。

ですから、**その問題の先に「知らないこと」がどれくらいあるのかを知ること、あるいは、知らなくとも、ある程度の奥行きを想像できるようになることのほうが、授業の内容をただ覚えるよりも大切**だと私は考えます。

辛うじて海を知っている子どもが、向こう岸が見えない淡水の水辺に立ったなら、それを海だと思うでしょう。しかし、年齢を重ねて、その他の知識を身につけていけば、匂いなどの周辺情報から「大きな湖や川かもしれない」と想像できます。また、たとえ湖や川を知らなくても、「この世界に〝絶対〟はない」と知っていれば、「もしかしたら海ではないのかも」と考えることができます。

大切なのは、覚えている知識だけで物事を判断せず、そのように柔軟な考えができることなのです。

人間が胎生であることにしても、大切なのはそれを暗記してよしとするのではなく、体系立った知識の出発点として据え置くことです。

そこから先をたどれる準備をしておくと、一つひとつの正解を「点」として覚えるのではなく、思考を深めるよすがとなる「線」にできます。

サメには卵生の種もいれば、胎生の種もいます。引っ掛け問題的な要素がない、素直な「はい」か「いいえ」の正解ばかりを記憶してきた人が、最初に卵生のサメの存在を知って、サメとはそういう生物だと思ったら、「サメは卵《たまご》から生まれますか?」という質問の答えを「はい」だと思い込んでしまうかもしれません。

しかし、実際の正解は、「はい」でも「いいえ」でもありません。サメが卵生でも胎生でも、多くの方の人生には影響がないかもしれませんが、これに限らず、世の中の大半の問題は「はい」と「いいえ」だけでは解決できないものです。

むしろ、たいていの物事は、その奥に真価が隠されています。実際の社会や人生で遭遇する「テスト」は、圧倒的に複雑なのですから。

以前、東京大学の入学試験で、高校数学で習う三角関数の「加法定理」を証明させる問題が出題されたことがあります。

多くの受験者が不正解だったそうですが、東大を受けるくらいですから、その中には高校で三角関数を学び、加法定理の公式を暗記して、テストに正解してきた人はたくさんいたはずです。「重要なのは、ただ覚えるのではなく、原理原則を理解すること。そして、覚えた知識の先を考える習慣、考える力なのだ」というメッセージが込められた出題だと感じます。

本項の見出しに則っていうなら、加法定理の公式を知っているだけでは――それで正解できる問題もあるので、まったくとはいいませんが――意味がない。「加法定理を証明できる」ことを「知っている」と言うのなら、それこそが真に意味のある知識でしょう。

知らないことは「悪」ではない

日本の学校教育の弊害は、ほかにもあります。

それは、「不正解に対する恐怖感」が植えつけられやすい点です。

テストでは不正解とされてしまう領域の中には、さまざまな豊かさが隠されています。それらは決して無駄なものではないのに、テストで不正解が続いた結果、好奇心の成長が止まり、自信も失ってしまうこともあるかもしれません。


実際、日本人は覚えていないこと、知らないことを「悪」と考える傾向が強いと感じます。おそらく皆さんの認識も同じでしょうし、経営者目線で見ても、会議で「わからない点を質問する人」が明らかに少ないというのが実感です。

私の目には、質問をしない人は「話をまったく理解できていない人か、まったく話に興味を持っていない人」と映るのですが、質問に「勇気が必要だ」と考える方は多いのではないでしょうか。講演やセミナーでも、前に座りたがらない人は多くいます。それは、登壇者から質問されて「答えられなかったら恥ずかしい」と思うからということもあるのではないかと推測します。

一方、「知らないことは恥ではない」と理解している人は、席を選べる場では自ら主役の前に陣取り、講演やセミナーなどでも活発に質問をします。このタイプの人材は、仕事でも優秀な人が多いのです。


そもそも情報は、深掘りしなければ真の価値に到達できないものです。前述したように、営業がお客さまの話を聞き、それだけでヒット商品が生まれるなら苦労はありません。大切なのは、お客さまの話を聞いて、「考える」ことです。

自身の思考で深掘りしたり、その話を持ち帰って上司と相談したりする。あるいは、その場で質問を重ねて、さらに相手の発言を引き出し、無意識下のニーズを具現化しようと努める。

会議や講演・セミナーでも同様で、ディスカッションなくして、価値ある情報は引き出せません。質問のない会議なら、報告を社内のシステムに入力し、めいめいが参照すれば十分です。無駄な時間を食わずに済みます。

講演やセミナーも、本人の大ファンでもなければ、推敲に推敲を重ねた書籍を読むほうが効率よく情報を仕入れることができます。情報収集の効率は、耳よりも目のほうが圧倒的に高いからです。本には書けない情報もあると思いますが、それを目当てにするなら、なおさら質問をして、より深い情報を引き出すのが最善の手段です。

今、本書を読まれている皆さんの中にも、「自分の無知を晒《さら》したくない」と思う方は多いでしょう。しかし、知らないことは恥ではありません。覚えていること、知っていることだけに意識を向けていては、本当に重要な情報は得られないのです。

私自身、知らないことで盛大な間違いをしたら、その場は恥ずかしく思うかもしれませんが、「恥をかくことで、勉強ができた」とは考えられます。転んでもただでは起きない。ちょっとした恥をかくことで、無知の知に近づけると思えば安いものです。

SECTION

04

非人間的な働き方で成り立つ仕事は結局、価格競争にしかならない

効率化は経営者の重要な課題ですが、効率化の追求は組織の活力を奪ってしまう。ネクストカンパニーが追求するべきは、「人間にしかできない仕事」への注力です。

ＡＩよりも少ないサンプルで素早く価値観の差を発見し、新しい価値を生み出す。そのために必要なのは、「楽しく仕事をすること」です。

第1章で労働生産性のデータを基に、日本企業の状況について話しました。経営者としてはひとつの指標として大事なのですが、「労働生産性のため」に働いて大きなリターンを得られるのは、大量生産・大量消費の商品で勝てる大企業のみ。少なくとも、**中小・ベンチャー企業では「価値を生むため」に働くことに重きを置く必要があります。**

そして、そのためには、伸び伸びと働ける環境が大切です。

ストレスや疲労が創造性を阻害するのは、各種の研究で科学的に結論が出ている事実です。殺伐とした空気のオフィスで、人間の尊厳を損なうような厳しい仕事をしながら、新しい価値を生み出すのは困難でしょう。

しかし、人が楽しく働くことは、単に社員の一人ひとりが「楽しく働こう！」と思ってどうにかなるものではありません。セルフマネジメントで対処できるのはよほどの逸材だけで、基本的には経営サイドのマネジメントによって「楽しく働ける仕組み」をつくることが重要です。

また、仕組みをつくるにも、経営者自身が信じていないような価値観に則った仕組みを確立することはできません。たとえばパワハラやセクハラがなくならないような企業の場合、まずは、それがおかしいことだと経営者が本気で感じ、変えるべきだと思わなければ、浸透させるのは難しいからです。

とくに、ある手法で過去に成功した人が、考えを本気で変えるというのは、正直にいえば難しいかもしれません。ただ、個人的には、過去のやり方で生き残り続けることのほうが、現代においてはより難しいと感じます。

利益率の高い企業で「常識」となっていること

ともあれ、素直にそう思えるにせよ、変わる必要があるにせよ、仕事を（経営者自身だけでなく従業員にとっても）「生きがい、楽しみである」と捉える組織になることが大切です。

仕事を苦痛と思っている人には、何をやらせても意味がありません。作業としてこなせる仕事ならどうにかなるかもしれませんが、そのような仕事の大半は、今やＩＴで代替できます。

いかに仕事を楽しみにしてもらえるか。「こんなに楽しんでいるのにお金をもらえるなんて最高だ」という環境にどこまで近づけるか――。

そんな話はただの理想論だという方もおられるかもしれませんが、GoogleやAppleなどが、少なくない費用をかけてそうした環境を整えていることが広く知られているように、これはもはや「利益率の高い仕事ができる企業の常識」と言ってもいいと私は考えます。

これは国や文化の違いといった話ではなく、日本でも今、伸びている企業は、そうした環境を意識的に整えています。私が直接見聞きした範囲でいえば、「証券アナリストによるディスクロージャー優良企業選定」の２０１９年度新興市場銘柄部門で第１位に選出された株式会社

SHIFTなどは実に印象的でした。

同社はソフトウェアの品質保証・テスト事業などを手掛けていますが、ゲームで遊ぶことに熱心だった人たちにとっては、発売前のゲームで遊んでいて給料がもらえる。仲間内でしか評価されなかった「ゲーム攻略のスキル」で奥に潜んだバグを見つけ、評価される。しかもそれが給料に反映されるなら、これ以上に嬉しいことはありません。さらに、業務用のシステムですら、バグを見つけることをゲーム感覚で楽しんでいます。

人件費の安い国でテストするのではなく、楽しんでもらえる人たちに楽しんでもらえる仕組みをつくる。それによって、優秀な人たちに働いてもらうことができ、結果として生産性が上がり、トータルコストでももちろん安くなっているのです。

楽しく働ける企業の理想は、「社業に取り組むだけで楽しい」と全従業員が感じられる状況をつくることです。

もちろん、これはあくまで長期目標として考えるべきでしょう。そもそも働き方の先進企業とて、仕事をしていて辛いことはあるはず。どれだけやりがいのある仕事でも、生みの苦しみはありますし、だからこそマインドフルネスなどが重要視されているのだと思われます。

そこで意識すべきは、同じ仕事をするにしても、「より楽しく働ける工夫」をすることです。

たとえばITシステムの開発・運営をするような企業なら、システムのテスト時に問題を見つけてくれた人に、賞与などにつながるポイントを付与するといった形で、仕事の中に楽しめる要素、嫌々やっていた仕事の見方が変わる要素を盛り込んでいく。発想としては、社内表彰や社内運動会といった報奨・イベントと同じ話ではあるのですが、今はそのようなイベントを好まない人も多くいますし、お金もかかれば工夫も必要です。

個人的には、その工夫は儲かる企画のために、お金は従業員にそのまま渡して楽しんでもらうために使うべきだと考えているので、可能な限りシステムで対処します。人ではなく、コンピューターによってゲーミフィケーションを行う感覚で、従業員が喜ぶ施策を仕組み化するというのが理想です。

ちなみに、仕組みをつくるときに、外してはいけない大事な要素があります。①再現性、②汎用性、③継続性の3つです〈次ページ図表9〉。

偏見や思い込みを排除して、明確な仮説を立てた上で試行錯誤を行ってみることで、ひとつの成功体験が得られたとします。そのとき、**それは再現性があるのか、汎用性があるのか、継続性があるのかを分析し、この3つが見つけられたことだけに集中して大量にリソースを投下すること**が必要です。

意識が変化に追いつかない

人が楽しく働くことの重要性について触れましたが、実際、「仕事が大変なのはしょうがない」と思う人は意外に多いものです。

これは社会のルールや仕事の捉え方に原因があります。そもそも労働は「楽し

図表9　仕組みづくりに欠かせない3要素

①再現性
誰がやっても同じ結果が出せるようにする。出せる仕組みのみに注力する。
→再現させる条件と仕組みが明確になっている

②汎用性
他のお客さま、他の業務、他の業種でも同じ成果を出せるようにする。出せる仕組みのみに注力する。
→仕組みを解析し、汎用的な理論や法則まで分析ができていて、応用するための方法論が確立している

③継続性
意識しなくても努力しなくても同じ成果が出せるようにする。出せる仕組みのみに注力する。
→仕組みが環境と習慣になっている

むもの」ではなく、「罰」という発想。だから古くは奴隷に、現代にかけては不法移民にやらせるといった発想につながってきました。

日本でもそのような歴史・問題がないとはいいませんが、これは非常に欧米的なルールだと考えています。コンピューターのシステムも同様で、ルールやガバナンスが非人間的です。だから、それを遵守しようとすると、仕事がつまらなく、苦しくなり、現場が殺伐としてしまうのです。

もちろん、生きるために必要な仕事が大変なものばかりだった時代はありました。しかし、現在はそうした状況は大きく変化しています。ただ、仕事の内容が変わっても、意識がなかなか変わらない。

そして、そんなルールをつくった欧米のトップ企業たちは、無駄なアナログ作業をシステム化し、意地でもバカンスを取って人間的に働こうとしています。ドイツ人にバカンスについて聞いたことがありますが、「優秀な社員が長期休暇を取っても余裕で現場が回るような企業は多くはないが、そうではない企業も、自分がバカンスを取る権利のために頑張って現場を回す」そうです。

2020年5月には、GAFAMの時価総額が東証1部の約2200社の時価総額を上回り、一方の日本企業は、働き方のアップデートができずに成長が鈍化し、AIとデータの研究でもアメリカと中国に大きく水をあけられています。

自動車の世界でいえば、テスラだけでも大変な黒船ですが、このあとAppleもEV市場に参入してきたら、日本のモノづくりの最後の砦たるトヨタすらも、Appleやテスラにパーツを提供するいちメーカーになってしまうかもしれません。

私はこの状況を非常に危惧し、これからの日本企業は、デジタルを使いこなす前に、労働についての考え方を根本的に変えるのが先決ではないかとも考えています。

そもそも、前向きに取り組めば、たいていの仕事は楽しめると思うのですが、日本人の多くは仕事を辛いものだと思い込んでしまい、楽しいものだと解釈できなくなっている。それが先進国の中でも目立つ「幸福度の低さ」の要因でもあるのではないでしょうか。

非人間的な働き方で成り立つような「質」は弱い

そうではなく、仕事は生きる上で必要不可欠なのですから、働くのが楽しくて、仕事が生きがいといえる人生、そして周囲から「それでいいんだよ」と肯定される人生を目指すべきです。以前の日本企業は、非人間的な働き方も含めて効率化を追求し、大量生産・大量消費の時代で勝利を重ねてきました。そして実際に勝っていた時期は、ハードな仕事でも楽しく働ける人は多かったのかもしれません。

しかし、**非人間的な働き方で追い求めた「質」は弱いのです。なぜなら、最終的には価格競争にしかならないから。**そこに商機がないとはいいませんが、勝てるのはごく一部でしょう。

たとえば、とくに1990年代を中心に、ビデオデッキやテレビなど激安価格のAV機器で広く知られた船井電機は、その後も低価格を売りにしてきましたが、国内では近年はOEM生産が中心。2013年にはオランダの大手電機メーカーであるフィリップスからの音響機器部門の買収に失敗するなど、高価格化へのシフトができず、業績も時価総額も低迷していました。2021年5月には秀和システムホールディングスによる株式公開買い付け（TOB）が成立、秀和を再建した代表取締役会長の上田智一氏が船井電機の再建にも着手しています。

これは、どんなにコスト削減を頑張っても、安売りでは最後に負けてしまうことを図らずも示しているのではないでしょうか。「品質管理」「コスト管理」の次は、高価格商品に投資すべきなのです。

ですから、少なくとも今は勝てている企業以外は、そのようなモノづくりを目標にするべきではありません。軌道修正が必要です。

「機械が入ってきたら仕事が奪われる」といった言説も、最終的には価格競争に収斂する、機械・デジタルで代替可能な仕事をやっていたからです。

その人のよさを活かした仕事を用意できれば、自ずと価値のある、機械に代替できない仕事になります。見方を変えれば、経営者は戦略を考えるだけでなく、「社員一人ひとりの価値」を見出していくことも、今後の重要な仕事になるでしょう。

SECTION
05

ビジネスモデルの意味と、レッドオーシャンを抜ける方策

自社の商品を高く売っていくためには、ビジネスモデルについての理解も必要です。たとえば慶應義塾大学の國領《こくりょう》二郎教授は、ビジネスモデルとは、経済活動における次の4つの課題に対するビジネスの設計思想だと定義しています。

①誰に、どんな価値を提供するか
②その価値をどのように提供するか
③提供するにあたって必要な経営資源をいかなる誘因のもとに集めるか
④提供した価値に対してどのような収益モデルで対価を得るか

これらを自社の中でそれぞれ検討し、強化していく中で、ビジネスモデルは確固としたものに練り上げられていきます。

その究極の例が、GoogleやFacebookが体現しているものです〈図表10〉。これは、「世界最強のビジネスモデル」と言ってもいいでしょう。

ポイントは、❶〜❸の「**売れば売るほど『何か』が強化される**」ことと、❹〜❻の「**自分たちではなくお客さまが『何か』をしてくれる**」こと。

最初が大変なものの、これが実現できれば、ある程度の規模に達したら、あとはそれほど大きな力を使わなくとも、顧客が自然に増えていき、その顧客がより多くのお金を自社のために使ってくれることになります。

図表10　世界最強のビジネスモデル

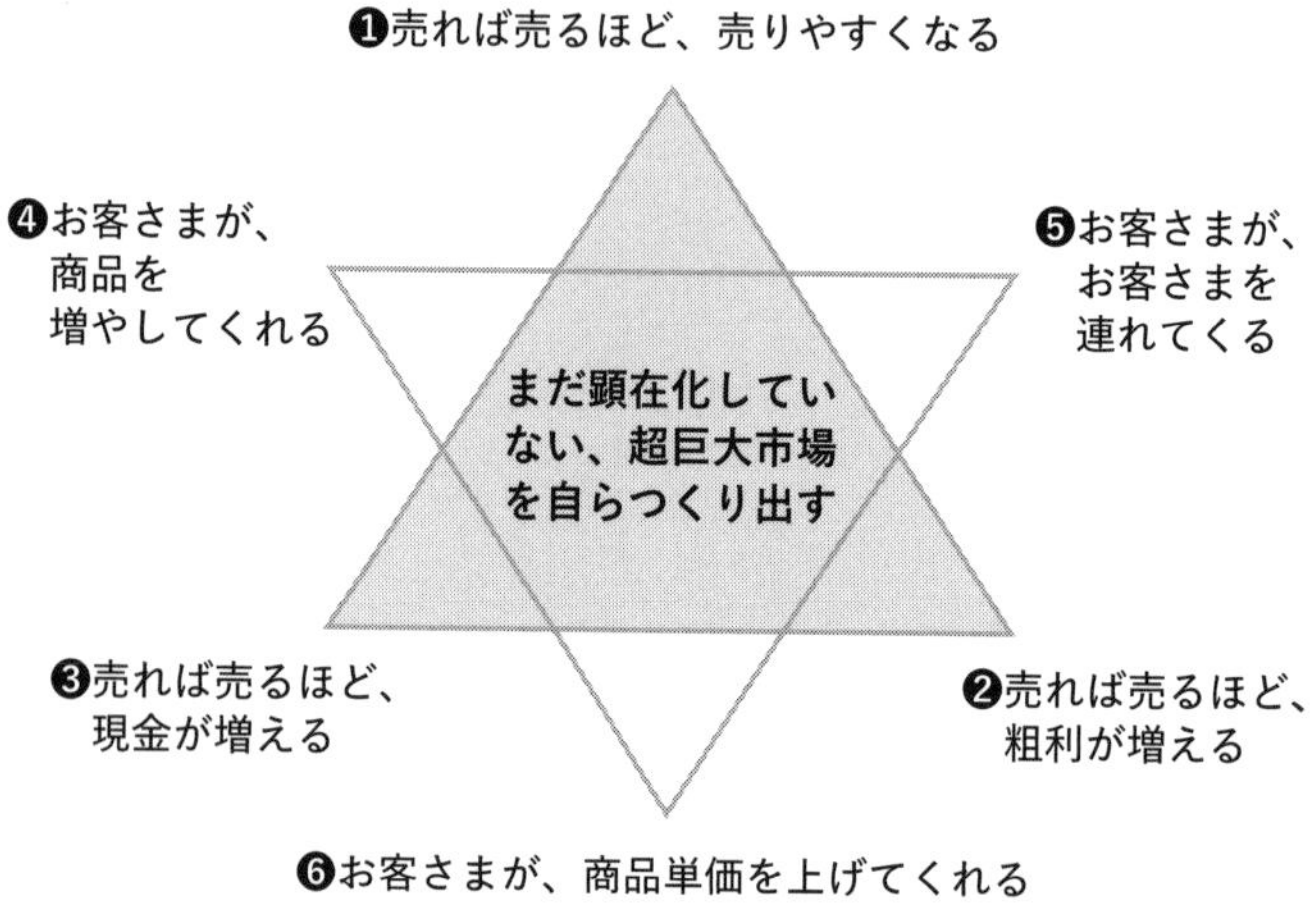

❶売れば売るほど、売りやすくなる
❹お客さまが、商品を増やしてくれる
❺お客さまが、お客さまを連れてくる
まだ顕在化していない、超巨大市場を自らつくり出す
❸売れば売るほど、現金が増える
❷売れば売るほど、粗利が増える
❻お客さまが、商品単価を上げてくれる

こんなことは当たり前と思うでしょうが、実際には、とくに営業出身の経営者が探しているのは「売りやすくて、粗利が高くて、元手がかからない」商品のはずです。

「お〜いお茶」で有名な伊藤園の創業者である本庄正則氏が、独立して茶葉の販売を選択したのは、粗利が高く元手がかからないからと語られています。もっとも、当時は日本茶からコーヒーや紅茶にライフスタイルが変遷する時期でしたので、売りやすくはなかったと思いますが、そこは天才営業マンなので、売ることには人一倍、自信があったのでしょう。

「売れば売るほど、売りやすくなる」は、逆読みすると「最初はまったく売れない、売りにくい」。「売れば売るほど、粗利が増える」は、「最初は粗利がない、むしろ損失」。「売れば売るほど、現金が増える」は、「最初は資金が大量に必要」と読み替えられます。これらは絶対にやりたくないビジネスモデル・商品だと思いませんか？

ただ、**「売りやすくて、粗利が高くて、元手がかからない」商売は、すぐに大儲けできますが、それは他社にすぐ知られて参入が相次ぎ、早々にレッドオーシャン化して儲からなくなってしまいます。**逆に「売りにくくて、儲からなくて、大量に資金が必要」なビジネスで儲かり始めても、参入できるのは大金を準備できる大手企業だけです。

事業の責任者となった社員は、何年経っても売れない、儲からないでは、ほかの事業部の人たちに「金食い虫」と言われます。同期や後輩がほかの事業で収益を上げて評価され、ボーナスも多くもらって出世していくのを見ていると、その責任者は3年も経たずに辞めていって、チームも崩れていってしまうものです。

わかりやすい実例は、クックパッドに挑んだ楽天レシピでしょう。この大変な時期を我慢できるかどうかも勝負の分かれ目になります。

女性や高齢者が「異質な視点」で仕事するからこそ生産性は上がる

会社によって、あるいは業種によって、従業員に占める女性の比率はもちろんさまざまですが、全体でみると、まだまだ男性優位な職場が大半です。女性が働き、活躍する余地は、まだまだ大きく残されているといえるでしょう。

ただ、私自身は、**男性中心の組織の中で、単なる「頭数」としてのみで女性を捉えている会社は、うまくいかない**と考えています。

そもそもなぜ、これまで職場に女性が少なかったのか？

仮に「効率化こそが正義」「効率化こそが正しい」と考えて、会社としてそれを追い求めていくとする。こうして効率化を目指す男性中心の会社では、多くの女性たちは、すでに出来上がっている効率化の型にははまらない「非効率な人たち」とみなされていたからではないかと考えられます。

これまでもそうですが、とくにこれからは、この考え方はまったく的外れと言わざるを得ません。

効率化だけでは、もはや儲けが出ない。そんな状況の中で情報をつむいで、お客さまが価値を感じるような企画をつくり上げ、商品・サービスを高く売っていく。そのためには、むしろ「女性に合わせることによって、新しいものを見つける可能性を高める」ことが重要です。単に男性に合わせる形で、「頭数」として女性を入れても、職場は変わらないし、新しい商品は生まれないのです。

たとえば何かモノを運ぶ仕事でも、その職場に女性が入ることで、「さすがにこれは持てませんよ」という話が出てきたりする。「なるほど。じゃ、この部分についてはロボットを入れよう」となれば、結果的にお年寄りも働ける職場になる。よい意味で、今までとまったく違った方向に話が進む可能性が出てきます。

もちろん化粧品の会社など、業種によっては逆に女性がほとんどという会社もあります。それはそれで、男性を入れたほうがよいのですが、現状で、男性中心の会社がほとんどである中では、特異な存在にはなれるかもしれません。ごく単純に考えれば、世界中のマーケットの半分は女性ですし、女性が財布を握っていることも多いのですから。

今、**商品企画を考える中で、女性や高齢者など、これまでは組織の主流ではなかった「異質な人」「価値観の違う人」の意見が加わることがとくに大切なのは、レッドオーシャンから抜け出して儲けるために、それらが必要だから**です。同質的な人といくらディスカッションをしても、今の時代は何も生まれません。

むしろ価値観が違う人から「えっ、それ……どういうことですか?」と質問されることで「なるほど、こう言っても伝わらないのか」「ちょっと独りよがりになってるかな」と気づくことができるのです。

電動アシスト自転車の「想定外」なユーザー

二輪車や水上オートバイ、船外機などのメーカーとして知られるヤマハ発動機が、世界初の電動アシスト自転車を市販したのは、1993年のこと。当初は主に足腰の弱いシニア世代に向けて開発されたものでした。

今から考えると画期的な製品だったのですが、思惑に反してさっぱり売れない。ただ、不人気だった理由ははっきりしています。高齢者は「シニア向け」とカテゴライズされた商品を買いたくないからです。

とはいえ、少ないながらも売れているので、状況を聞こうと営業が販売店にヒアリングに行く。すると、シニア向けの製品なのに、「もっとパワーのある製品がほしい」と言われることが多かったといいます。よくよく聞いていくと、そうした要望を口にしているのは、実は高齢者ではなく、後ろに子ども用のシートを取り付けて保育園の送迎に使っているママさんたちだとのこと。

そうした状況を理解して、ママさん向けに「子ども乗せ」の方向に大きく路線変更したのは、発売からある程度、時間が経ってからだそうです。法改正により、2009年に前と後ろに幼児を乗せる「3人乗り自転車」の利用が解禁されてからは、さらに普及が加速しました。

ママ向けの保育園の送迎用ですから、タイヤを小さめにして、最初からチャイルドシートをつけて売ることにすると、どんどん売れるようになった。そうすると、パナソニックの自転車部門（当時は「ナショナル」ブランド）が参入してきます。

もともと松下幸之助氏が自転車店で丁稚として働いていたこともあって、自転車のメーカーとしても歴史があり、しかも電動アシスト自転車は電器メーカーである本体ともシナジーのある分野。販売力があり、家電などのプロモーションで女性へのアプローチの蓄積もあってか、パナソニックはあっという間にシェア1位になったのです。

ヤマハはブリヂストンに電動アシスト自転車のフレームをつくってもらっていて、ブリヂストンが参入してきてからは電動駆動ユニットを供与するという相互OEM供給の関係になっていますが、国内シェアではパナソニックがダントツの1位。2位にヤマハ、3位にブリヂストンという順位が続いていました。

ブリヂストンは3番手として、どう差別化を図れば、シェアを広げることができるのかを考えます。

先ほどお話ししたように、電動アシスト自転車のメインの使用シーンは保育園の送迎です。「どうすればもっと楽に送迎できるか」を考えて、女性でもまたぎやすいように、ペダル部分と前輪をつなぐフレームを低くしたり、買い物袋をつけられるようにしたりと、いろんなことを試みるものの、パナソニックとヤマハには勝てない。

そこで、女性誌の「VERY」とのコラボレーションで、ママさんたちに向けて、ある意味で「究極の電動アシスト自転車」をつくることになります。その答えは「運転手つき」。つまり、「パパが乗る」ための電動アシスト自転車です。今でこそ、若い男性も数多く乗っていますが、女性や高齢者向けの商品という印象の強かった電動アシスト自転車を、男性ユーザーを大いに意識してつくったのです。

HYDEE.B（ハイディビー）という商品名のものですが、「ハンサムバイク」というキャッチフレーズで、つや消しブラックなどのカラーを用意し、タイヤも大きめ。ハンドルについた計器でスピードも表示できるし、カゴやシートのクッションなど、いろんな部品を好みに応じて変えられる。多くの男性が好むような、スポーティでかっこいいデザインにしました。女性にしてみると、「スピードが何キロ出ているかに興味はないし、とにかく何でもいいから、楽に早く送迎できればいい」という人も多いと思われますが。

もちろん、マーケットとしては、順位を一気に逆転できるほど大きくはありません。やはり仕事の関係もありますから、朝はパパが送っても、迎えはママということも多い。そのため、結局はママも乗れるようにしています。

ちなみに、地方に行くと保育園の送迎はクルマ中心ですし、幼稚園は園バスでの送り迎えが大半であるため、電動アシスト自転車のメイン利用者層は、都市部で子どもを保育園に通わせている人たち、ということになります。また、普及に伴って、最近では本来の開発目的だった高齢者もユーザーとしてしっかり取り込めるようになってきています。

入手すべき情報とは？

では、実際の商品企画においては、社内および社外を含めて、具体的にどんな情報、どんな意見を手に入れればいいのでしょうか？　これは言い換えると「どんな情報が質の高い情報なのか」ということでもあります。

図表11は、「アンゾフの成長マトリクス」として知られる図の考え方をベースに、商品企画に

どんな情報が必要かを考えたものです。

図の左下の「既存商品を既存顧客に売る」という場合、基本的にはレッドオーシャンで商売することになる。当然ながらライバルが数多くいて、少しでも価格を抑えなければいけないため、効率化が最優先です。ここにいる限りは「高く売る」ことは望むべくもありません。こんなフィールドからは少しでも早く足を洗う必要があります。

とはいえ、新しい商品を、これまで接点のなかった新しいお客さまに一足飛びに売る（①→④）というのはやはりハードルが高い。このマトリクスでいえば、まずは「真上」に行くか「真横」に行くか

図表11　商品企画で何を考えるべきか？

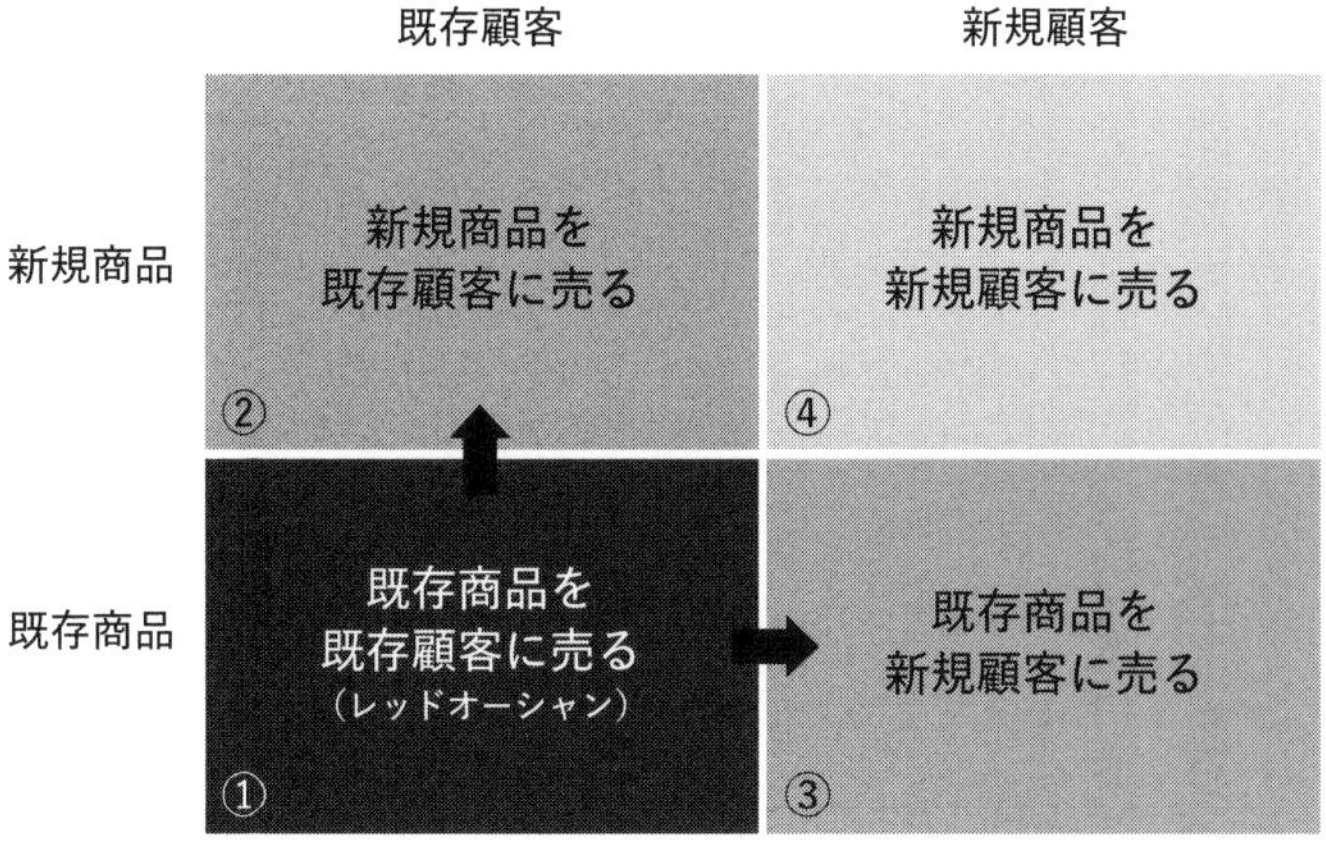

で考えるべきでしょう。
新しい商品を従来の顧客に売るという場合（①→②）、より売れる商品をつくるためには、自社の既存商品をなぜ買わなかったのか、なぜ他社の商品を選んだのかという、**自社にとっての「売れなかった情報」に価値があります。**

一方、新しい商品を開発するのが大変だからということで、従来の商品を新しい顧客に売りたい場合もあるでしょう（①→③）。これはすなわち新しい市場を見つけることですが、そのためには、その商品をなぜ買ったのかという「売れた情報」が役に立ちます。より詳しくいえば、**「想定外のお客さまが、想定外の使い方をしている情報」に価値がある。**先ほどの電動アシスト自転車の例でいえば、もともとシニア向けに開発した商品だったのに、保育園の送迎に使うママたちがいたという情報です。

普通に買い物に行くためだけの自転車なら、中国製のものが1万円か2万円で買えるのですが、とくに女性にとっては、子どもの送り迎えは普通の自転車だと大変ですし、安全面も気になる。だから電動アシスト自転車は十数万円でも売れるのです。もちろん普通の自転車とは原価も違いますが、これはまさに価値観の差で儲けることといえます。

ちなみに、想定内のお客さまが想定内の使い方をしているときに、その苦情を聞くのは、先の2つほど大きな効果はないと考えられます。不満はあるけど買ってくれてはいるため、そこを改善したからといって、もっと売れるわけではないからです。もちろん、レッドオーシャンなので、ライバルがそうした改善をしているのなら、こちらもしたほうがよいのは確かですが、そもそもレッドオーシャンにいても、大して儲からないのです。

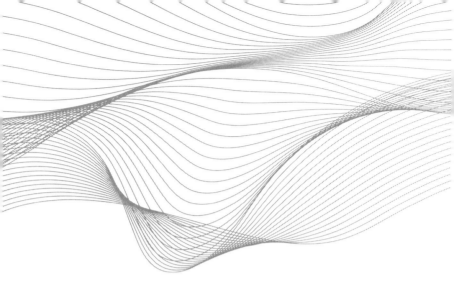

第3章

日本と日本企業が変わるべき姿

ビジネスにおける「場」とデジタルの意味

SECTION

01

オフィスは何をする場か
——昭和のオフィス、令和のオフィス

われわれが商品・サービスを「高く売る」ためにはどうすればいいのか。ここまで、価値観の差が利潤を生むことや、ビッグデータ解析をビジネスにできる超大企業以外——すなわち、これからの時代に生き残るネクストカンパニーの多くは、「現場でしか得られない情報」を武器にするしかないということを述べました。

しかし、COVID-19の影響で、人が集まる「場」、仕事をする「場」の常識が大きく変わっています。

そこでこの章では、

①COVID-19のオフィスワークへの影響
②さまざまな仕事を省力化できるデジタルツールやシステムの進歩

という2つの大きな要因によって変化し、なおかつこれからも変わり続けていくはずの、ビジネスシーンにおける「場」の意味合いについて考えていきます。

昭和のオフィスは「利益を生み出す場所」ではなかった

まずは、オフィスについて。すでに多くの方が実感されていると思いますが、世の中の動きを受けて、「オフィス」の存在意義は、大きく変化してきています。

もともとオフィスとは、企業が生まれ、巨大化する中で、事務作業が膨大なものとなり、それを処理するために生まれた場所です。

少しの商品を販売するだけ、売りに行くだけ、つくるだけ、得意先に納めるだけなら、完全に不要ではないにせよ、自宅兼仕事場くらいのスペースで十分でしょう。ただ、そうした企業も成長に伴って、また大量生産・大量消費の時代に合わせて、商品の供給量を上げていく必要に迫られるようになります。そうした中で、**「コスト管理」「品質管理」「物流管理」の機能や事務作業に必要な人員をオフィスに集約することで、大量供給を支えることが可能になった**のだと私は捉えています。

見方を変えれば、**かつてのオフィスは「利益を生み出す場所」ではなかった**のです。

現在は、「PCやスマートフォンから生まれる価値」が増えているので、エンジニアが働くオフィスから生まれる利益もあります。ただ、そのような限られた業種を除けば、利益の源泉の多くは現場にありました。そしてオフィスの形態も、そんなビジネスの効率化の結果として変化してきました。

今、前述のような会社の事務作業の多くは、テレワークでも可能になっています。

ITシステムを活用すれば、劇的に省力化・ペーパーレス化が図れる仕事が多く、この傾向はCOVID-19に関係なく進んでいきます。IT化やテレワークの導入にあまり興味のないタイプの経営者もまだまだいるものの、世代交代が進めば進むほど、事務作業の省力化も進むでしょう。極端なことをいってしまえば、その点でのコスト意識に無頓着な経営者が、今後何十年と生き残れるとは思えません。

われわれ自身も今、法人向けクラウドサービスの開発・運営を行っているのは、人間がする必要のない仕事は、可能な限りITに代替させつつ、「情報を取り、考える仕事」に注力するべきだという考えに基づいています。また、テレワークが可能な仕事は、そもそも自社の従業員でなくても可能なものも多々あり、アウトソーシングしてもよいことも多いでしょう。

要するに、いわゆるバックオフィス的な仕事は、ITシステムやよい外注先があれば、自社のオフィスで行う必然性はさほどない。少なくとも高い家賃を払ってする必要はありません。2020年、コロナ禍の中で発表されたパソナグループの淡路島への本社機能移転も、同じような理屈でしょう。

「もうオフィスはいらない」のか？

ただ、「今後はオフィスはいらないのか？」「最小限でいいのか？」と問われれば、私は明確に「ノー」と答えます。

生産現場が利益の源泉であった時代は、「モノ不足の時代」であったと私は定義しています。「どうつくるか」が利益の源泉で、その生産性を最大化するのがオフィスの主な役割でした。マンパワーで大量供給＝コスト管理・品質管理・物流管理を支え、低価格・高品質を実現していたのです。

しかし、先進国ですでにモノが溢れている現代は、「何をつくるか」「何を伝えるか」が利益の源泉となっています。安くつくる工夫や、経費を削減する工夫が不要とまでは言いませんが、より重要なのは、欲しいもの、欲しいと思わせるものを生み出すこと。その上で、コスト・品質・物流を管理する必要はありますが、優秀な人材とシステムがあれば、オフィスの多くを占めるようなスペースは、少なくとも大企業でなければ不要だと考える人が多いでしょう。さらにCOVID-19によって、とくに大企業・中堅企業を中心にテレワークが大きく増えたこともあり、オフィス不要論が一定の支持を集めています。

確かにそうした文脈においては、オフィスの重要性は低下しています。ただ、**利益の源泉たる「何をつくるか」「何を伝えるか」というアイデアを生むことが、これからオフィスの機能としてより重要になってくる**のではないでしょうか。

現場でインプットして、思考して、アウトプットする。これらの作業のうち、思考以外は、コラボレーションが重要です。

たったひとりで頭を悩ませるのではなく、多様な人材が集まって議論やブレインストーミングをしたり、プレゼンテーションとそこへのフィードバックを実施したりするほうが、新しいアイデアは確実に生まれやすくなります。そのような場として、これからのオフィスは価値を発揮するのです。

もちろん現在も、未来においても、事務作業は必要な仕事ですが、その多くをシステム上や外注先で担えるようになったことで、オフィスは「企画の場」となると私は考えます。

先進的な企業や、業種的に人間のアイデアが出発点になるような企業は、現時点でもそうなっていますが、そうした企業は今はまだ少数派です。しかし、これまで生産現場やそれらの管理で利益を生んでいた企業であっても、これからは否応なしにオフィスが利益を生み出す場になっていくでしょう。

逆にいえば、オフィスを「利益の源泉」「アイデアが生まれる場」にできない中小企業やベンチャー企業は、今後は生き残れない時代になるともいえます。大量生産品を安くつくるのは、最終的には「分母の大きさ」の勝負になるため、大企業に対してわれわれはまず勝ち目がありません。

100年も前に、現場で「ビジネスの種」を見つけていた小林一三《いちぞう》

そんな新しい時代に注目するべきは、現・阪急阪神東宝グループの生みの親である小林一三だと考えています。

今、2024年度に刷新予定の新1万円札の肖像画に選ばれ、大河ドラマの主人公にもなっている渋沢栄一に注目が集まっていますが、個人的には渋沢は「産業振興・大量生産の時代の巨人」であったと考えます。一方、**質の高い情報と企画力がものをいうこれからの時代に、中小企業やベンチャー企業の参考になるのは、この小林一三**なのです。

小林は、「人がいる場所」に路線をつくるのではなく、「安くレールを引ける土地」に路線を敷いたのです。鉄道会社が不動産事業なども行い、沿線都市を活性化させるという現在の鉄道会社の基本戦略の祖であり、オフィスが利益を生む時代を先取りした存在だったといえます。

1910年、箕面有馬電気軌道が、梅田駅（現・大阪梅田駅）―宝塚駅間を開業させたのが阪急宝塚本線の始まりです。彼は「終点に乗客の目的があること」を重要視しており、「箕面有馬電気軌道」という名にあるように、もともとは宝塚から有馬温泉まで開通させる予定でした。

工事が難しく、宝塚―有馬温泉の区間については断念することになりましたが、翌年には箕面に動物園、宝塚に温泉施設、そして1914年には宝塚歌劇団の前身・宝塚唱歌隊がつくられています。

日本、そして世界でも初といわれるターミナル駅直結のデパート・阪急百貨店を生んだのも小林です。彼は、百貨店の袋を持って大変そうに歩く人を見て、「駅に百貨店があれば楽なのに」と考えたそうです。約100年前に、現場の情報を基にビジネスの種を見つけていたということです。

近年はユーザーエクスペリエンス、体験がビジネスの重要なテーマとされていますが、小林一三という人は、そんな未来の訪れをはるか昔、モノ不足の時代から見越していたのでしょう。演劇や映画など、モノに頼らずに体験やエンターテインメントで人を集める手法はまさにそれです。阪急百貨店は、眺望をお客さまが楽しめるように最上階に食堂をつくりましたが、この手法もその後、全国のデパートに踏襲されています。

ひと昔前なら、普通の会社員が街を歩く人をただ眺めていたら、「仕事しろ！」と怒られていたかもしれませんが（余談ながら、鉄道会社の創業前、銀行員として働いていた時代の小林はかなりの不良社員であったそうです）、今は「そんなことをやっている暇があったら——」と言われる事務作業の多くはＩＴで代替可能になっています。

その時間に、考え、議論をするのが、これからの人間がやるべき仕事です。

Googleなどのオフィスが、ホワイトボードや立ち話のできるスペースを多く設け、カフェスペースで他部署の同僚と居合わせ、ディスカッションが生まれやすくなる導線になっていることは有名です。少なくとも、世界の一流企業にとってのオフィスは、「アイデアと利益を生む場」になっていることは間違いないと思われますが、今後はＩＴ企業に限らず、どんな業種の企業であっても、新しい企画が生まれやすい場にすることが求められるでしょう。

この20年に訪れたオフィスの好況と不況

ここでは、オフィス需要の盛衰のわかりやすい例として、東京都心部の２０００年代以降の動きを見てみます。

バブル崩壊の直後には、東京都心の５区（千代田区・中央区・港区・新宿区・渋谷区）でのオフィスは平均賃料が坪単価で４万円を超え、平均空室率も１％を切っていた時期もあります。

しかし、90年代中盤には平均賃料は2万円台に下がり、90年代末には2万円を切るようになってきました。

そして図表12が、2000年代に入ってからの推移を示したものです。

新世紀を迎えたのもつかの間、日本でもＩＴバブルが崩壊。折しも2002年から03年にかけて、東京駅前や汐留、品川などに大規模なオフィスビルが続々とオープンする計画を控えており、オフィスが供給過剰になって相場が下落するのではないかという「2003年問題」が業界関係者の懸念の的になっていました。結果としては事前に恐れられていたほどには深刻になりませんでしたが、実際に

図表12　東京主要5区の大型ビル空室率と賃料の推移

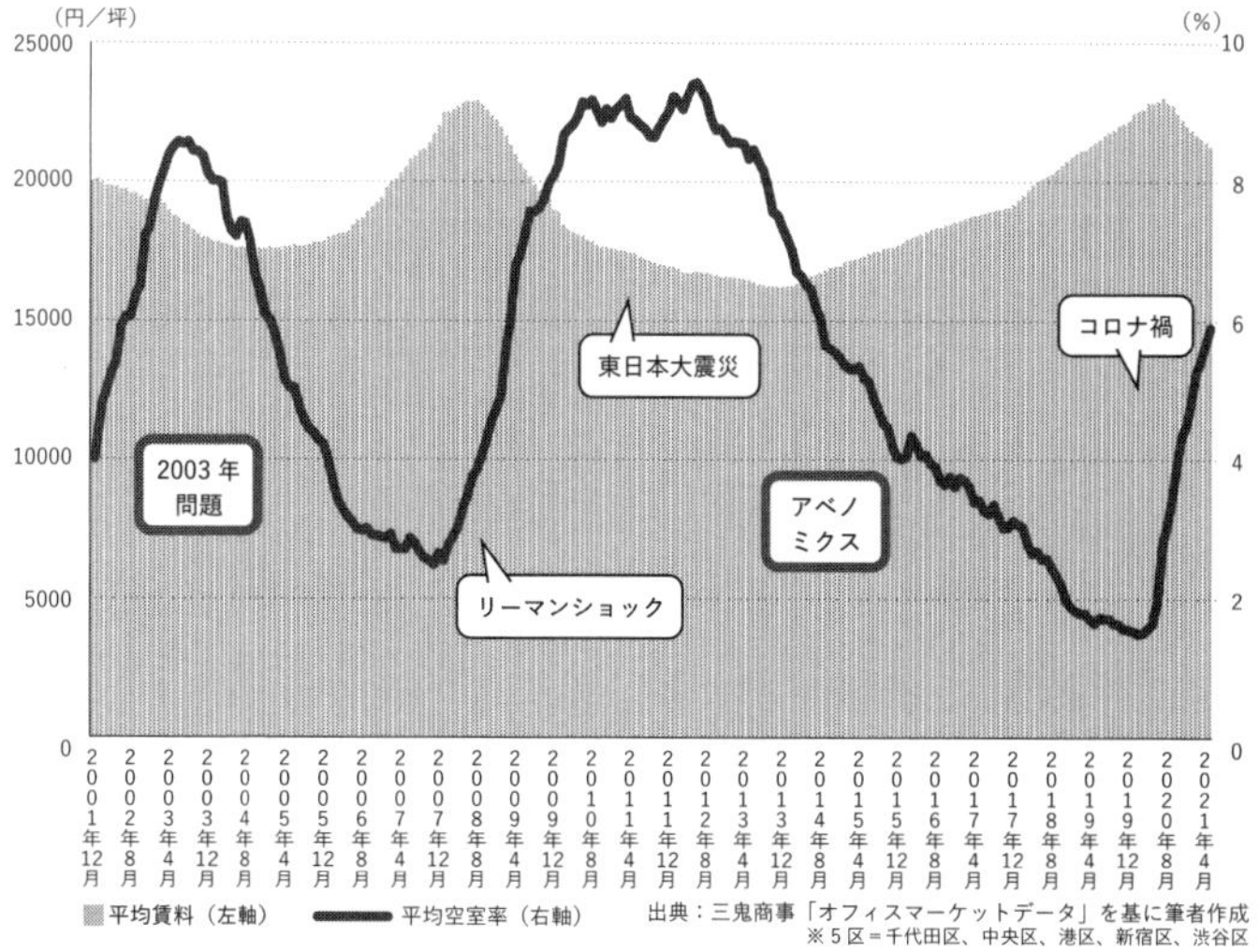

出典：三鬼商事「オフィスマーケットデータ」を基に筆者作成
※5区＝千代田区、中央区、港区、新宿区、渋谷区

この年、空室率はピークを迎え、平均賃料もしばらく低迷します。

その後、景気のゆるやかな回復を受けて、平均賃料は上がり、空室率も下がってきたところ、２００８年９月、アメリカのリーマンショックに端を発して世界金融危機が到来。再び賃料下落・空室率上昇の時期が訪れます。

２０１０年代に入って、空室率は９％前後で高止まりする中、２０１１年３月に東日本大震災が発生しますが、オフィス需給の直接的な変化には、思ったほどその影響は現れていません。ただ、内閣府の発表によれば、震災当日の帰宅困難者は首都圏で推計５１５万人。都心でも職住接近のニーズがより出てきたり、少ないながらも逆に地方に移住を考える人たちも生まれたりと、働き方や住まいを見つめ直す動きが出てきます。空室率も２０１２年にピークをつけたあとは下がっていきました。

その後、２０１２年末には第２次安倍政権が成立。いわゆるアベノミクスの機運の中で、賃料相場もようやく反転し、その後、賃料上昇・空室率低下は２０２０年にコロナ禍が巻き起こるまで続くことになります。

このように、過去数十年間、都心部でのオフィスの需要自体は景気増減で上下していますが、図表13を見ると、東京23区における近年のオフィス供給量は年間100万㎡以上で、2021年から25年までの平均でも年間94万㎡と、依然として高い水準です。またオフィスビルの規模も大型化しています。これは東京を囲む首都圏における労働人口が増加を続けていることを反映しており、**日本の産業の構造的に、価値創造・売上創造の場が工場からオフィスに移ってきていること**を示しています。

オフィスビルの大型化、つまり1フロアの面積の大型化は、社員の仕事がこれ

図表13　東京23区の大規模オフィスビル供給量の推移

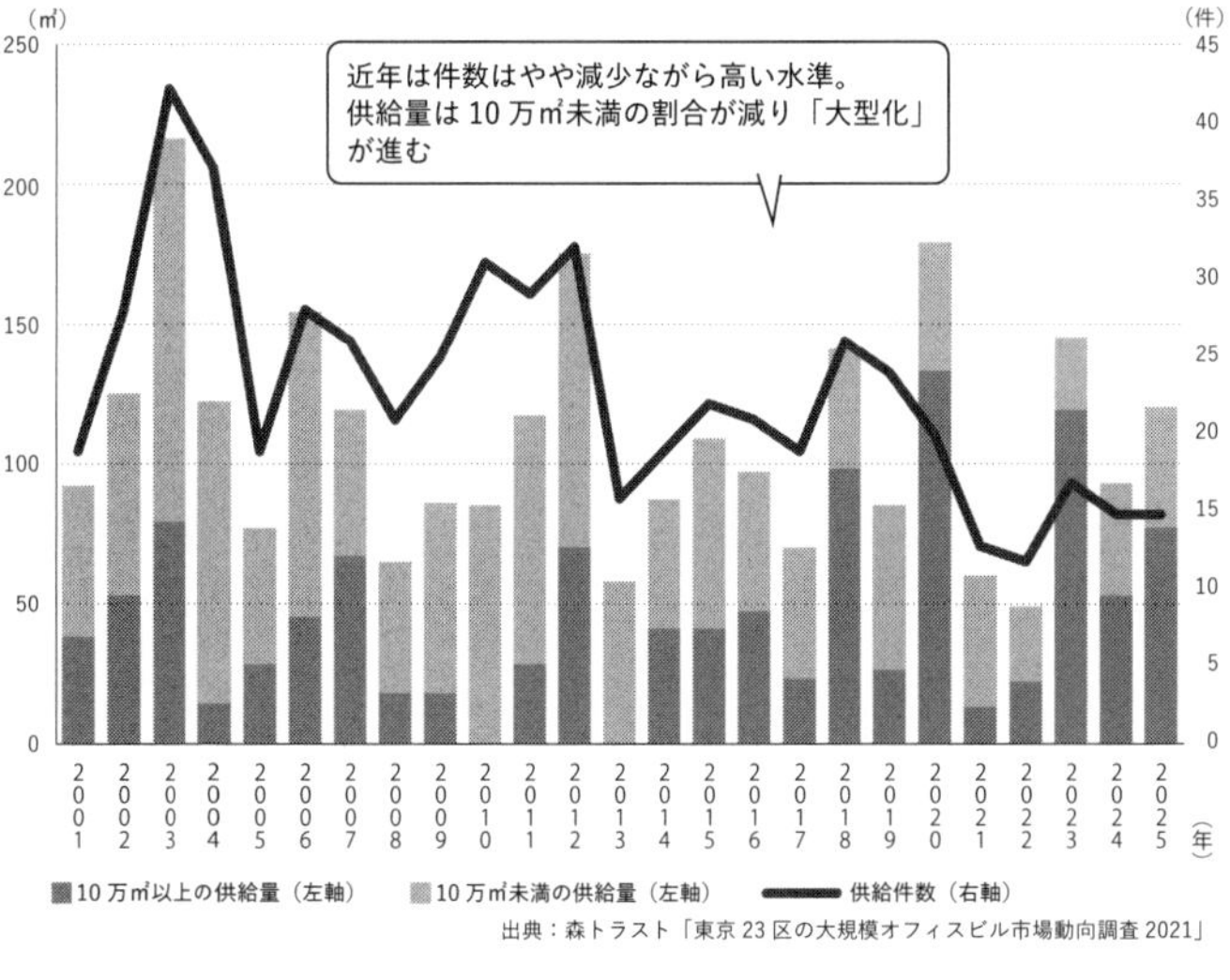

出典：森トラスト「東京23区の大規模オフィスビル市場動向調査2021」

までのような単純な「分業」ではなく、「連携・共創」などが重要になってきたことを意味します。

六本木ヒルズができたとき、楽天がいち早く入居を決めた理由を、三木谷浩史さんに尋ねたことがありますが、「1フロアが1000坪を超えることが一番の理由で、社員をなるべく1フロアに集めることで、ビジネスのスピードが上がり、競争力の高い新しいアイデアを生み出すことができるようになる」と語っていました。

また、都心部での就労人口の増加に伴い、交通機関も増強され続けています。図表14は首都圏の鉄道の乗車人員数を5

図表14　首都圏の鉄道の乗車人員の推移

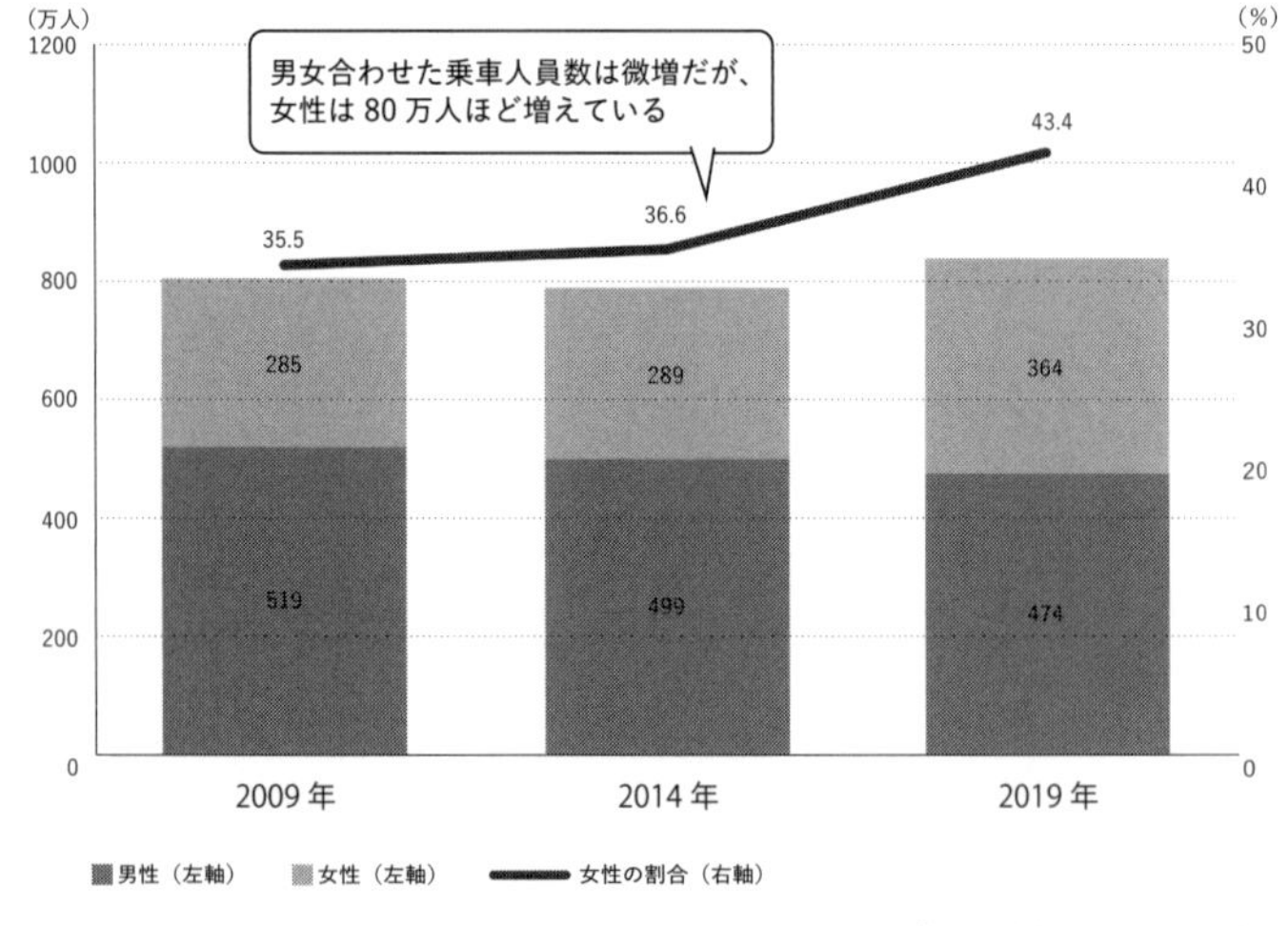

出典：国土交通省「第12回 大都市交通センサス調査」

年ごとに調べたものですが、全体では８０５万人から８３８万人に増えています。男性の数がやや減っている一方、女性は増えており、全体に占める割合も35・５％から43・４％へと増加。国土交通省「東京圏における都市鉄道の現状と課題について」など各種のデータを見ても、移動時間の短縮や混雑率の緩和など、改善が進んでいます。

価値を生まない伝票処理などの事務作業は、ＩＴの進化と普及により劇的に業務量が減っているのに、東京23区のオフィス床面積が増え続けているのは、事務作業以外の企画やマーケティング、設計などの業務が増え続けているからです。

そして日本全体の産業の対象がエネルギーや部品、産業機械など「物理や自然科学」を相手とするものから、消費者である「人」を対象とした産業に移ってくると、生活や娯楽、育児、教育、文化などを切り離してコンピューターのようにオフィスで働くだけの人たちは、何も価値創造に寄与できません。

企画は、情報収集・分析・仮説・検証を経て設計につながります。オフィスが共創の場として分析・仮説・検証を進めるところであるなら、その前の情報収集は、生活の中から消費者動向を感じ取ることが重要になってきます。前述した阪急阪神東宝グループの祖・小林一三が明治の時代に行ったように、「消費者の生活を観察し、体験すること」からすべての企画は始まります。彼が生み出した企画は、時代の激変とともに合わなくなっていますが、彼の企画を生み出す手法は今でも同じように使うべきです。

会社における女性比率の向上や男性育休という流れがより大きくなっているのは、社会的正義や倫理観からだけではなく、**日本の産業構造として、消費者の生活から切り離された人たちが価値を失ってきたから**です。

専業主婦の妻と郊外の一戸建てに住み、朝早く出勤し、子どもたちが寝たあとに帰ってきて、週末はゴルフで家にいない。たまに会う子どもには「また遊びにきてね」と言われてしまう。令和の時代になっても、そうした昭和の価値観やライフスタイルから根本的には抜け出せない男性たち。彼らは何も価値を生み出せないし、むしろ価値を壊して足を引っ張る時代に日本は入ってきていると私は断言します。以前に大手企業の掃除機のCMや紙オムツのCMなどが「家事や子育ては女性がするものだという昭和の価値観」だとして批判を浴びたのも、こうしたオールドスタイルの人たちがいまだ決定権を握っていることが原因でしょう。

家族形態の変化がもたらす都心の変化

また、最近の傾向として、オフィスビルの低層階をショッピングモール・レストラン街・映画館・美術館などにしたものが増えてきましたが、今後はスポーツ施設・保育園・小中学校などもビルの中や都会の中に増えてくるはずです。それは、都会での住宅の需要が非常に増えてきたことからも推測できます。

第1章でも取り上げた国立社会保障・人口問題研究所の将来人口推計では、東京都心3区（千代田区・中央区・港区）の人口は、2015年に約44万3000人だったものが、2045年には約59万5000人へと、約3割も増えると予測されています。

実際、ここ数年の傾向として、都心部でのオフィス賃料の値上がりが土地価格の値上がりに追いつかず、採算が合わないため、オフィスビルを解体して分譲マンションに建て替える例も増えてきました。

これらの動きの背景には、家族形態の変化、とくに多くの家庭が、「男性会社員－専業主婦」の世帯から「共働き世帯」へと変化したことによって、通勤時間の捉え方が変わってきているともあると考えています。昭和時代は前者が主流でしたが、1990年代中盤に共働き世帯数が上回って以来、その差は開き続け、2019年には、共働きが1245万世帯、男性会社員―専業主婦が582万世帯となっています※。

夫が片道1・5時間、往復3時間をかけて郊外から都心に通っていたとします。これが共働きになると、家庭における通勤時間は倍の6時間になります。時給を3000円とすると、

6時間×3000円×21日＝37万8000円／月

となります。これを夫婦ともに会社から30分のところに住めば、通勤時間は3分の1になり、

2時間×3000円×21日＝12万6000円／月

となって、1カ月に25万2000円の差を生み出します。差し当たって家のローンを返済し終わるまでの35年間をそこで暮らすとしても、この間のロスは次のような計算になります。

※出典：厚生労働省「共働き等世帯数の年次推移」

25万2000円×12カ月×35年＝1億584万0000円

もちろん、この中から社会保障や税金が引かれるので、手取りは半分近くになるとしても、こと経済合理性からみると、共働き世帯が郊外に住む選択肢はありません。

より都心に近い地域を目指すのは、消費者対象の産業に従事する会社員だけではなくなっています。消費者の生活に直接は向き合う必要がない科学技術の分野の企業でも、求人のために同じく都心部に集まってきているのです。

2019年、トヨタの自動運転の取り組みに関わるソフトウェアの先行開発を行う子会社TRI-AD（トヨタ・リサーチ・インスティテュート・アドバンスト・デベロップメント）のCTOである鯉渕健《こいぶちけん》さんに「なぜ本社オフィスを、東京・日本橋にある日本橋室町三井タワーに移転したのですか」と尋ねたことがありました。

彼の答えは「たとえトヨタの名前でも、名古屋や豊田市では優秀なSEは採用できない。東京駅周辺の丸の内・大手町で探していたが、タイミングよく大規模な面積の新築があったのが日本橋だった」とのことでした。同社の新オフィスは、このビルの16階から20階の計

2万1500㎡を占めています。

東京は、世界的にも独自の進化を遂げています。

都市戦略研究所「世界の都市総合力ランキング」によると、東京は現在においても、ロンドン、ニューヨークに続いて、世界でも3番目に競争力のある都市にランクされています。何よりも強みは「周辺人口の多さ」と、「移動の簡便さ・速さ」です。

東京・横浜都市圏は約3911万人という世界最大の周辺人口を持ち、2位ジャカルタ都市圏の3536万人、3位デリー都市圏の3187万人と比べても巨大です※1。それを実現できたのは、大量輸送を行う公共交通機関網が世界でも最も発達した都市であること。世界の駅乗降客数のトップ50のうち6割が日本国内にある駅であり、トップ20のうちでは実に17駅が日本の駅という統計もあります※2。

日本が今後も世界で競争力を維持するためには、自分たちの一番の強みを武器にすべきであり、さらにこの武器を強化し、進化させるべきです。ビルの中の中学校から子どもが出てきて、父親・母親と揃ってレストランで昼食を食べる。そんな家庭が増えたら、日本は何か違う特別なものを生み出すと私は信じています。

※1 Demographia「World Urban Areas」2021年版
※2 https://special-rapid223.hatenablog.com/entry/20150628/1435461797

このように、２０００年以降、オフィスをめぐる指標が激しく上下を繰り返している間に、東日本大震災やコロナ禍で、働き方や生活への意識も大きく変わり、また前項までに見てきたように、オフィスの意味も変わってきました。

そしてその間、インターネットはごく普通の人たちにも浸透し、オフィスでの仕事を変えるような新しいデジタルツールも続々と生まれてきました。次の項では、こうした時代の企業に必要となる考え方を見ていきます。

SECTION

02

オンライン／オフライン併用時代に必要なもの、いらないもの

先ほど、「これまでのオフィスは事務作業の場」「これからのオフィスは企画の場」と大きく分けましたが、規模や業種によっては、明確に切り分けられない企業もあるでしょう。

そのような場合は、まず「人間がやらなくていい仕事」や「社員がやらなくていい仕事」を可視化するところから始めてください。これらは、オフィスにいらないもの、ないしは今後いらなくなるものです。そして、いらない仕事をする割合を減らし、人間にしかできない仕事をする割合を「時間配分」と「場所」の両面で増やすのです。

ただ、ここで簡単に「やらなくていい仕事」と書いていますが、このジャッジは簡単ではありません。

私は会社のコアになる部分以外は、基本的にアウトソーシングを推奨していますが、これにも例外はあります。

たとえば機械メーカーの場合、機械をつくるのが仕事で、「いかに魅力のある機械をつくるか」という企画に力を入れるのは大切なことだと思います。そして機械のメンテナンスなどは、それを専門で請け負うメンテナンス業者もいますが、個人的にはサポートやアフターケアも自社で担うべきだと考えます。

なぜなら、そのサポートの現場で、自社の機械を使っているクライアントの要望をしっかりとヒアリングすることが大切だからです。

そうすることで、的確なサービスができるだけでなく、**顧客の意見を聞いていく中で、新しい機械の開発につながる情報が得られます。このような仕事を外注してしまうと、重要な情報を得られる現場に行く機会が減ってしまう**ため、少なくとも私が機械メーカーの経営者なら、機械を納入したあとの対応もすべて自社で行うと決めるでしょう。

表現を変えると、人間がやるべき仕事の最たるものは、「商品・サービスの企画」や、そのための「情報収集」なのですが、「自社にいらないもの」を決めるのも、人間がやるべき仕事です。

そして、それをディスカッションし、考える場所もオフィスなのです。

とはいえ、これはオフィスの中だけで完結する話ではありません。オフィスの外から常に情報を取り、知識や習慣のアップデートができる組織でなければ、的確な議論やジャッジはできないからです。

例を挙げるなら、経理業務などは、ＩＴシステムを活用している企業と、アナログな作業が多い企業とでは、作業効率に圧倒的な差があります。しかし、ＩＴリテラシーが高くない経営者は、そもそもそのような代替案自体を知りません。経理業務を「オフィスでやる必要がない仕事だ」とは考えようもないでしょう。

ですから、大前提として、常に柔軟な姿勢で社会の変化に対応できるように、情報収集を怠らないことは当然です。その上で、自動化・外注化が容易な仕事であっても、前述のように、自分たちで機能を担うほうがよさそうな場合もあります。そのバランスを考えるために、ディスカッションをする必要があるわけです。

クリエイティブな議論に必要不可欠な「直接」の対話

方向性は違うものの、企画を考えるのも、自社のやるべきではない仕事を考えるのも、行動としては「ディスカッション」です。

だからこそ、ディスカッションをする場所がないオフィス、議論が生まれにくいオフィスは、これから時代遅れになっていくと考えています。

ちなみに、「そのディスカッションはビデオ会議でよいのでは?」と思われた方もいるかもしれません。

コロナ禍以降、多くの打ち合わせや会議がビデオ会議になった読者が多いと思うのですが、実際のところ、皆さんはどう感じているでしょうか? 少なくとも私は、リアルでのディスカッションとビデオ会議では、雲泥の差があると感じます。

簡単に結論が出る議題なら、ビデオ会議で十分だと思います。その意味では、非常に便利で時間や経費も削減できる素晴らしいシステムです。ただ、**すべての選択肢にある程度の理があり、バランスを取る必要がある議題や、新しい価値を生み出すためのクリエイティブな議論などは、直接の対話が必要不可欠**だと考えます。

それこそ、スマートグラスが一般的になり、全員が同じVR空間に配置されて、相手の表情の微妙な変化や呼吸が見えるようになればネット上でもいいのかもしれませんが、現時点では、簡単に結論が出ないような内容のディスカッションは、対面でするべきでしょう。

もちろん、これも一概にいえる問題ではありません。COVID-19に限りませんが、こうした感染症が感染爆発のレベルになったら、私も「クリエイティブな議論も、今はビデオ会議でやろう」と考えるかもしれません。

しかし、そのようなデリケートな問題ほど、ディスカッションが必要だという本質に変わりはありません。仮に「誰がどう見ても答えがひとつ」という議題なら、議論の時間が無駄ですから、ひとりで決断し、全員にチャットで通達するだけでいいはずです。

デジタルの活用でコミュニケーションも活性化される

第2章でも「仕事を楽しいものにする」という話をしましたが、もちろん簡単なことではありません。そのため、楽しく働ける仕組みづくりと並行して、従業員が「やりたくない」と思う仕事をできる限り減らすのも非常に重要です。プラスを伸ばし、マイナスを減らすのです。

まず、本書でたびたび触れているように、ITで代替可能な仕事は極力デジタル化するべきです。加えて、本書の内容を意識して戦略の変更を検討する方がおられるようなら、「情報の取り方」についてはとくに意識すべきです。

　ここでは、「価値観の差」の原資となる「現場の情報」が何より大事になります。そのため、現場に足を運ぶ営業担当者に、この貴重な情報を過不足なく記録させるマネジメントは重要なポイントです。

　結果を出す営業担当者の多くに共通するのは、「人の話を聞くのが楽しい」という性格です。とはいえ、そんな人ならどんな環境でも楽しく仕事ができるというわけでもありません。なぜなら、「人と話すのは好きだが、記録は面倒」という人も多いからです。

「はじめに」でも述べたように、新しいビジネスの種になるような情報は、一見、些細な部分に隠されていることも多く、「営業から記録までのタイムラグ」が長ければ長くなるほど、質の高い情報は忘れられてしまいます。

　つまり、**営業担当者に「いかに正確に情報を記録させるか」、そして、「記録までのタイムラグをいかに縮めるか」が重要**なのです。

　この記録、正直なところ、かつてはパワハラ的な圧力でしっかり記録させていた企業もありました。しかし、もはやそんな時代ではありませんし、仮に記録はできても、ストレスでその営業担当者のパフォーマンスが下がってしまいます。

ですから、記録のためのハードルをいかに下げるかがポイントになります。

この点で、ＩＴシステムの活用は必須です。スマートフォンなどのモバイルデバイスで記録できるようにすれば、帰社して空いている時間に記録するよりも簡単で、なおかつタイムラグも縮められる。われわれ自身もこの考え方に則ってサービスを開発しています。

また、シンプルながら、人間同士の好意が活発に行き交う組織にすることも大切です。

クラウドベースのグループウェア開発企業で、近年は働き方の先進企業としても知られているサイボウズですが、かつての同社は離職率が非常に高く、４人に１人が辞めてしまう状態であったそうで、その状況を改善するために、さまざまな制度づくりと並行して、「部署を越えて社員が仲良くなる場づくり」を行ったそうです※。

それまでは楽しい場所とはいえなかった企業が、楽しい職場を目指すのは、「マイナスからのスタート」です。そこでは、社内の雰囲気をまずゼロに戻し、その後にプラスにしていく姿勢と、「実際にそうなっていくだろう」と期待してもらえるような言動が大切になります。

そのために大切なのも、実はデジタルです。

※ 出典：https://www.itmedia.co.jp/business/articles/1911/05/news006.html

人間の感情を扱うのだから、アナログが大切なように思われるかもしれませんが、それこそサイボウズのように、デジタルの活用によってコミュニケーションは活性化されます。

たとえば、営業担当者が営業支援のＩＴシステムを利用すると、自ずと担当者が見聞きした情報を、ほかの従業員も閲覧できる形でまとめることになります。

なぜなら、営業を「個人の名人芸」ではなく、「組織全体の創造性を活用できる武器」にするため、適切に情報共有するのが営業支援システムの主眼であるからです。たとえ記録が簡単になっても、そのデータを担当者本人しか見られないようでは意味がありません。

そして、営業担当者の仕事が共有されたら、その仕事に対して好意的なフィードバックを即レスすることを社内で習慣化できれば、営業担当者のモチベーションも上がるでしょうし、情報の記録に対しての意識も高まります。

そのような細やかなフォローアップは、電話やメールでは困難です。メールでは面倒なちょっとした連絡もLINEなら気軽にできるように、チャットツールなどによってコミュニケーションの敷居を下げると、自然にやり取りは活発になっていきます(ただし空気が悪いままでは、よくないやり取りが活発化する可能性もあるので要注意です)。

なぜ、高収益企業は「いいオフィス」に力を入れるのか

先ほども少し触れましたが、働く場所となるオフィスの機能性も重要なポイントです。どれだけテレワークが増えたとしても、オフィスでなければできない仕事があるなら、より発想が刺激される場所、楽しく働ける場所にすることは重要な経営課題になります。

コロナ禍において、このようなことを言われても、ピンと来ない方も多いかもしれません。実は私自身、この点についてはあまり意識していませんでした。

10年以上も前の話ですが、ある会社の経営者に、採用について伺ったことがあります。その方の会社は、これまた六本木ヒルズに移転したばかりで、その少し前には上場するなど、非常に勢いのある会社でした。そのころの私は、「自分の会社をこうしたい」というビジョンは持っていたものの、そのために必要な人材と思うように出会えずにいたのです。

するとその方は、「上場しても採用にはあまり影響がなかったけど、六本木ヒルズに移転したら目に見えてうまく人が採れるようになった」と教えてくれました。

そして、その後、私もオフィスを移転する必要があったタイミングで、思い切っていいビル

に入り、内装にも力を入れたところ、実際に驚くほど採用が変わりました。

2002年にノーベル経済学賞を受賞した米プリンストン大学のダニエル・カーネマン教授と、同僚で同じく2015年のノーベル経済学賞受賞者であるアンガス・ディートン教授が発表した有名な研究で、「年収7万5000ドルまでは、主観的な幸福感と年収は比例するが、7万5000ドルを超えると比例しなくなる」というものがあります。

先に述べた「オフィスと採用の質が比例する」という現象について、自分なりに考えた結果、私はこの2人の研究結果と実は同じ話なのではないかと考えました。日本に置き換えて、7万5000ドルを約800万円とすると、

①年収が300〜400万円くらいの人は、よいオフィスよりも年収100万円アップを求める
②年収800万円以上の人なら、目先の100万円アップよりもよいオフィスを求める

そういうことではないかと推測しています。

もちろん②の人も収入を上げたい思いはあるでしょうが、年収800万円まで到達した人なら、自分次第でさらに条件を上げるビジョンは描けているでしょう。そして、そのためには、自分を成長させる刺激のある環境が必要なので、オフィスの場所や中身を重視するのではないでしょうか。

企業側から見ても、この投資は悪くない施策です。従業員1人が使うオフィスの面積はおおよそ2坪程度です。今、東京・丸の内にある当社のオフィスの坪単価は月当たり5・5万円。周辺で一番高いといわれる丸ビル（丸の内ビルディング）でも月に7万円くらいです。

つまり、非常に高額な賃料の物件であっても、物件にかかる1人当たりの費用は、せいぜい年間100～150万円くらいに収まる。現状の物件の賃料にもよりますが、人件費を上げるのと変わらないか、場合によっては得をするくらいの費用感なのです。今では、創造性の高い仕事で活躍する人材の給料が、年間で800万円前後の企業の場合は、人件費よりもオフィスにお金を使うべきだと私は考えています（7万5000ドルは、論文発表当時のアメリカの平均世帯年収とほぼ同じ数字です。物価の高さも踏まえると、日本では平均世帯年収に少し色をつけた600～700万円くらいをひとつのラインにしてもいいのかもしれません）。

また、給与水準がそこまではいかない企業であっても、移転はともかくオフィスの中身は考えるべきです。とくにテレワークが増えている企業の場合、空いたスペースを活用して、従業員同士のディスカッションが起こりやすいレイアウトにするのもよいでしょう。

ちなみに、本題からは少し逸れますが、もともとこのケースは私が「A社とB社は、現状の売上規模などはかなり近しいのに、人の質には大きな差があるのではないか」と感じて、前出の六本木ヒルズに移転した経営者の方にヒアリングをするなどして、自分なりに確信を得たものです。何かの現象に違和感を覚えたら、それを自分なりに深掘りすると、「価値観の差」が生じている原因を見つけやすくなります。

やはり「高値で売ること」は欠かせない

繰り返しになりますが、このような仕組みを考えて目指す仕事は、「高単価・高粗利」の商品・サービスであるべきです。

厳しい仕事をしてきた自負のある経営者の方などからすると、「楽しく仕事をして儲かるのか？」と思われるかもしれませんが、もちろん、楽しく働くだけで儲かるわけではありません。

コンビニエンスストアで100円のコーヒーを売っている店員は、いつも大変そうだと感じます。コーヒー自体は低価格でもそれなりの利益がある商品かもしれませんが、その他のタスクが多すぎて、楽しく働くのが難しい方は多そうです。

一方、スターバックスコーヒーの店員は実に楽しそうです。それは400~500円前後のコーヒーを売れるからです。スタバはその空間・雰囲気を含めて好きだから利用するというファンも多いので、安い商売をする必要がありません。飲み物以外の飲食物も、高いとはいいませんが、「コンビニはもちろん、ほかのチェーン店でも、もう少し安く売っていそうだな」と思えるような価格で、粗利をきちんと確保していると感じます。


これは一例に過ぎませんが、**楽しく働いて儲けるには、「高値で売ること」が必要不可欠**なのです。大量生産の薄利多売ではうまく回りません。

「楽しく働くこと」と、「高く売れる商品・サービス」は必ずセットで考えてください。

SECTION

03 生活と文化を取り込まないと、売れる商品は生まれない

続いては、オフィスの外の「場」を考えてみましょう。

たびたび述べているように、オフィスでディスカッションする内容のベースに「質の高い情報」がなければ、よいアイデアや結論は出せません。


最も大切な場は、そんな情報を入手できる「現場」です。

自分たちの商品・サービスを生み出す現場、売っている現場、使われている現場に足を伸ばし、深い情報を取り、考える。これも、直接見て、話すことが重要です。

家電メーカーが単に販売の現場の情報を取ろうとするなら、小売店の方とオンラインでビデオ会議をすることも可能でしょうし、ディスカッションを必要としない簡単な情報交換ならそれで十分かもしれません。ただ、そこで新しいビジネスの種につながる発見が得られる可能性は、ゼロとは思いませんが、実際に現場を見る場合に比べると大幅に下がると私は考えます。

「文化」を知ると、インプットの質が劇的に変わる

そして、**情報を入手する場と同じくらい重要なのが「文化」を学べる場**です。

なぜ文化が必要なのか？　利潤を生む「価値観の差」は、文化があってのものだからです。人間には動物＝ヒトとしての生理的な感覚もありますが、食事の好みなどを除けば、それらの個人差は実はそれほど大きくありません。カロリーが高い食べ物は、どんな人にとっても高カロリーです。また、好き嫌いを抜きにした、圧倒的に「美味しい」食事もありますが、普通の食事に飽き足らず、美食を追求する人が少なからずいるのは、食が「物理的に生きるための行動」の枠を超えた「文化」になっているからこそです。

自動車もわかりやすい例です。

基本的に自動車は「移動するためのもの」です。しかし、その価値観もさまざまです。電気自動車こそ最高のクルマだという人や、軽トラックをこよなく愛する人もいれば、サーキットでなければ出せない速度で走れるスーパーカーが好きな人もいます。見た目も可愛らしいものから、少し不良っぽさのある車体やパーツまで、非常に幅広い。

そして、そんなクルマを「洗車するもの」と捉える人もいます。実は、私自身がそうでした。以前は3台を所有していたくらいのクルマ好きで、運転も好きなのですが、移動時間に仕事やインプットをする必要に迫られ、せっかく買ったクルマに乗れない生活が続くようになりました。それでも、しばらくはクルマを持っていた理由は、「たまの休みに車体を洗い、きれいになった愛車を眺めたかったから」です。家の都合でクルマを眺められないタワーパーキングになってしまい、ようやく手放すことを決断したのです。

美術品を見るように、自動車を眺めるのが好きな人は少なくありません。「日常の移動にもクルマは使っているが、洗車して愛車をきれいにするのが好きだ」という人は、私以外にもいるはずです。もちろん、ややマニアックかもしれませんが、だからこそいいのです。中小・ベンチャーが狙うべきは、「マニアックな価値観」なのですから。

日本ペイントが開発した、光の当たる角度で色が変わる「マジョーラ」という自動車用塗料があるのですが、もちろんこれは普通の塗料より高額です。それでも買う人がいるのは、それが文化であり、「普通の塗装でいい」とは思えない人がいるから。つまりそこに価値観の差があるからなのです。

このような文化を知ると、現場を見る目が変わり、インプットの質が劇的に変わります。

たとえばシンガポールには、「部屋の中」に駐車場がある超高級マンションがあり、私も以前、販売説明会に行ったことがありました。下の階でクルマを停めると、リビングの前にある「スカイガレージ」という室内駐車場に専用のエレベーターが運んでくれるのです。

これは、愛車を眺めるのが大好きな富裕層にはたまらないでしょう。地下駐車場と違って、お酒を飲みながらその美しさを愛でることもできますし、日本でも売れるのではないでしょうか。土地が狭いシンガポールでは、地下駐車場に使えるスペースが限られるそうで、もともとは苦肉の策として生まれたのかもしれませんが、クルマを「見て楽しむ」という価値観がなければ成立しない、見事な商品だと感じます。

言い換えるなら、**文化に対する知識や理解がない人は、せっかく現場に足繁く通っても、視界に入っているヒントに気づけず、質の高い情報を取れない**ということです。

現場を見て、顧客の声も聞き、社内でのディスカッションも多いのに、よいアイデアが一向に生まれないという企業がもしもあるなら、「文化への理解」の改善は、現場以上に重要なポイントとすらいえます。

ちなみに、文化を学ぶことは本やインターネットでも可能ですが、図録やモニターで見る名画と美術館で見る本物は大違いであるように、やはりこれも「文化の現場」に触れるべきだと思われます。実際に見て、触れるチャンスがあるときは、できるだけ足を運ぶようにしたいところです。

文化に触れ、主観を磨く

こうしたことも踏まえると、質の高い情報を取れる人とは、「優れた主観の持ち主」と形容できるでしょう。

ＡＩには主観も意見もありません。だから客観的な判断ができるのですが、そのためには、統計的に有意といえるだけの差が証明できるデータを集める必要があります。

つまり主観は、人間だけが持つ強みなのです。

主観――つまり自分の経験、体験や学習によって培われた価値観から判断できるからこそ、たとえデータのサンプルが少ない状態でも、人間は素早く決断することができるのです。

ただ、スピードはビジネスに大変重要であるものの、主観には個人差が大きいという問題点があります。だからこそ「優れた主観」が求められるわけです。

主観を磨くためには、さまざまな文化に触れることです。

近年、「アートとビジネス」をテーマにしたビジネス書が増えていることは、決して偶然ではありません。美意識とデザインへの徹底的なこだわりで世界を変えたスティーブ・ジョブズ氏は、圧倒的な主観の持ち主といえますが、若かりしころにインドを旅し、禅や寿司、新版画といった日本文化を好んでいたことで知られています。同氏が自国のみならず、広く世界の文化に目を向けていたのは、象徴的な事実といえるのではないでしょうか。

また、主観を磨くために文化を知ろうとするなら、先ほども書いたように、できるだけ「実物に触れること」が大切です。

ペルーにある世界遺産・マチュピチュの画像を見れば、誰でもそれがマチュピチュだとわかります。しかしそれは、あくまでも切り取られた一部分の記号に過ぎません。言葉がメインだった時代から、インターネットの進歩によって、画像や動画のような、より情報量の多いメディアに触れられるようになってはいますが、実体験との差は埋められないのです。

そして、マチュピチュそのものの情報量も段違いですが、実際に現地に行くと、そこまでの道筋や、そこで起きる「事件」も付随します。空気の薄さにも驚かされますし、道中では「主目的以外の情報」が大量に得られることになる。「偶発的な出会い」のような要素がそこらじゅうにあるのです。

「はじめに」で、ニーズをウォンツに変える優秀な営業は、目的の本筋ではない会話からニーズを引き出す場合もあると述べました。大きなインスピレーションを与えてくれるのも、そのような「事前の予想にはなかった体験」から得られる情報であることも少なくありません。付け加えると、ウェブミーティングは道中をカットして便利に「目的地」に行けるぶん、こうした「主目的以外の情報」もカットされてしまうのです。

文化は「人が接触する」からこそ生まれる

ただし、体験から得られる情報自体の質や量にも、どうしても個人差があります。

先ほど、「文化への理解がないと質の高い情報を取れない」と述べましたが、人は情報を個人の主観で取捨します。そのため、同じ場所に行き、同じものを見て、さまざまな文化に触れたとしても、理解するものや感じることは違います。

では、どうしたら「優れた主観」を身につけることができるのか？

重要になるのが、人との会話です。

最初から磨き抜かれた主観を持つ人など、そうそういません。気心の知れた人や反応がある程度予測できるような人だけと話すのではなく、「偶発的な出会い」によってさまざまな主観の持ち主と対話し、ときには衝突することで、川を流れる石が丸くなっていくように、主観も磨かれるのです。

自分ひとりで考えて、文化を正しく理解できるというのはおそらくレアケースで、対話によって自分とは違う他者の見方・考え方を深く知ることが重要だと私は考えます。

オフィスでのディスカッションが大切なのも同じ理屈で、同じ現場を見たり、同じ会議に参加したりしていても、受け取るものは一人ひとりで大きく違う。**同じ体験をした人と、その体験の中身・受け取り方の違いを共有することで、より多くの発見が得られます。加えて、自分の間違いに気づき、軌道修正する機会にもなります。**

また、そもそも論でいえば、文化は人間が生きる中で生まれるものです。文化を生んだ人間そのものを知ろうとせずに、その「成果物」だけを見ても、本質的な理解は得られません。

私は、日本でサッカーやラグビーのワールドカップのような国際イベントがあるときは、スタジアムで観戦する以外にも、必ず頻繁に飲みに行くようにしてきました。それは、観戦目的で来日した外国人観光客と手軽にコミュニケーションを取ることができるからです。

コロナ禍の現状においては難しいことではありますが、まったく違う文化、自分が知らない文化を持つ人たちとこれほど気軽に触れ合える機会はそうありません。

文化を学ぶことに興味を持った方は、海外との行き来や、外での飲食が気軽にできる社会に戻るときが来たら、ぜひ試してみてください。たとえば『Lonely Planet』など、「海外向けの日本のガイドブック」に載っている飲食店に行けば、イベント時に限らず、簡単に異文化交流ができるはずです。

SECTION

04

「文化の幅」を理解すれば、価値観の差でビジネスができる

前項まで述べてきたように、価値観の差でビジネスをするためには、幅広い文化に触れることが重要です。

たとえ富裕層や貴族階級の生活様式にどれだけ詳しくても、一般家庭の生活様式を知らなければ、広い層に受け入れられる新しい家電製品を生み出すアイデアは思いつかないでしょう。あるいは大航海時代の前後に、南アジアや東南アジアで大量の胡椒を所有していても、自分たちと価値観が違う、「大金を積んででも胡椒を買ってくれる人たち」の存在を知らないと、巨大なビジネスにはできません。

違う文化を知ることで、大きな利潤をもたらす価値観の差を発見できるようになるのです。

以前、カリフォルニア州パロアルトにあるスティーブ・ジョブズ氏が暮らしていた家を訪ねたことがあるのですが、そのとき、あらためて彼の偉大さを感じました。小さくはないものの、

ビリオネアの住む家としては質素でした。生前は外から家の中にいる彼が見えることもあり、警備員もいなかったそうです。

あくまで私見ですが、彼は最後まで、多大なる犠牲を払って「主観を磨く努力」をしていたのだと思います。

生活を自分の愛する文化で満たすだけなら、セキュリティが万全の豪邸に住んで新版画などのアートを飾ることもできます。おそらくは、危険があろうとも普通の家で生活することで、「Apple製品のユーザーで最も多いと考えられる層に近い生活」を知ることを重要視していたのではないでしょうか。また、外部から自分の姿が見られずに済む場所は家の中にいくらでもあるでしょうから、彼はあえて外から見える＝外が見える場所に座り、周囲の人たちの生活も自覚的に観察していたように思います。

ジョブズ氏はもともとヒッピー文化を愛好しており、スーツを着ないおなじみのスタイルを貫き通した人物なので、ハイカルチャーにあまり興味がなかったのかもしれませんが、少なくとも「幅のある文化」に親しんでいたことは間違いありません。

ハイカルチャーとローカルチャー、メインカルチャーとサブカルチャーあるいはカウンターカルチャー。どちらか一方が好きな人であっても、価値観の差からビジネスチャンスを見出すには、「差」がわかるだけの複数の立脚点を持つことが大切になると私は考えています。

単に文化を「持ち込む」だけでは不十分

第2章でインドの冷蔵庫の例を述べましたが、このようなローカライズをしっかりと施して、大きな利益を上げている日本企業がキッコーマンです。

キッコーマンは日本人や日系人が住むアメリカの西海岸に醤油メーカーとして1957年に進出していました。当初は日本から商品を輸出していたそうですが、その後は現地のメーカーにより瓶詰めしてもらう形式を経て、1973年に現地工場での製造を始めています。

結果的にはそうして販売規模を広げることに成功していますが、「日本食用の調味料」という存在では限界がある。実際にアメリカに進出したばかりの時期は苦労も多かったようです。

そんなキッコーマンが、醤油に縁のないアメリカ人に買ってもらうために考えたキャッチフレーズが「Delicious on Meat」です。日本食にしか使えない調味料ではなく、肉を美味しく食べられるソースであるとPRしたのです。1950年代後半に日本ブームが起こるなどの追い風もあり、肉のタレとして醤油を使う「Teriyaki」の誕生を決定打に、広くアメリカ人に受け入れられる存在となりました。

このTeriyakiもローカライズがなされたもので、みりんや日本酒なども使う日本の「照り焼き」とはまったくの別物です。現在、アメリカで「Teriyaki」といえば既製品の「テリヤキソース」を用いた調理法のことで、テリヤキソースはアメリカ人の味覚に合った独自のソースです。当然キッコーマンもアメリカで醤油をベースにしたテリヤキソースを多数製造・販売しています(アメリカのAmazon.comにアクセスして「Kikkoman teriyaki sauce」で検索すると商品ラインナップが見られます)。

このように、キッコーマンは単に日本の醤油を持ち込むのではなく、アメリカ人の文化に合わせた広告戦略や商品開発によってアメリカで大成功を収めたのです。

同社の発表によると、2021年3月期の売上・利益ともに、北米市場は日本市場の数字を上回っています。注目すべきは利益で、売上は北米が約2049億円、日本が約1846億円であるのに対し、利益は北米が約204億円、日本が約130億円と大きな差があります。

少し前になりますが、2018年の東洋経済オンラインの記事『キッコーマンが米国に根付かせた「日本の味」』によると、北米事業の営業利益率は20％、日本事業の営業利益率は6％とのこと。日本と醤油の文化を理解した上で、アメリカの文化との違いに商機を見出し、価値観の差で圧倒的に儲けている好例です。

「普通」のレベルを知ることが重要

「文化」というと高尚な感じがしてしまうかもしれませんし、業種によっては本当に深く、レベルの高い理解が必要なジャンルもあるかもしれません。ですが、**基本的には、その文化の「普通」レベルの理解を意識すればひとまず問題ありません。**

キッコーマンの例でいえば、日本の一般家庭での醤油の使われ方、アメリカの一般家庭での調味料の使われ方、よく食べられる料理の味などがわかれば、醤油の入り込む余地を考えられます。

このような「普通」が見えない状態で、価値観の差を見つけるのは容易ではありません。また、ニッチな分野で勝負したい場合も、その分野の主流を知ってこそ、より精密な差を掴むことができるのです。ですから、その文化の専門家になる必要はありません。勘のいい方なら、少ないインプットでも「普通」の感覚を理解できるでしょう。

極端な例ですが、初めて見たプロ野球選手が大谷翔平選手の場合、彼のスイングの速さや、ピッチングとバッティングの「二刀流」をわりと普通のものと感じてしまうかもしれません。しかし、ほかの選手を知ると、その非凡さがわかります。人によっては2人目のプロ野球選手を知った時点で、彼が持っている特別な才能を感じられるでしょう。

文化を学ぶ上で気をつけたいのが、自分の主観を普通だと信じてしまうことです。人間には、自分にとって都合の悪い情報を過小評価あるいは無視してしまう「正常性バイアス」と呼ばれる心理的な特性があります。そのため、「自分は普通」「自分が正しい」と思ってしまうものです。さらにいえば、自説を否定するニュースなどを目にすると不快な気持ちになり、「自説を補強する情報」だけを探してしまうこともままあります。

そのような事態を防ぐためにも、人と触れ合うこと、対話することが大切なのです。

自分がコントロールできない人からのさまざまな意見を聞くと、「基準点」が増えて平均値や

中間値が見えやすくなります。会社の部下などの縦関係のある相手だと、自説を否定しにくいかもしれないので、先述したように忌憚のない意見をくれそうな初対面の外国人に話しかけるのもおすすめです。

1本300万円のウイスキー「山崎55年」は高いか、安いか

私は、自分がある程度、年を取って、若い方の感覚や流行が掴めなくなっている自覚があります。ですから、たとえば電車の中で「最近、若者の格好が変わってきている気がするな」と思ったら、今の流行を調べてみたりします。また、その調べ方にもバイアスがあるかもしれないので、できるだけほかの人にも声をかけて、別の人の視点でも調べるようにしています。

反対に、自分が「普通」側、マジョリティ側に近いと感じるジャンルが気になったら、背伸びを恥ずかしがらず、できるだけ普通ではない文化・生活を自分で見るようにしています。恥ずかしながら、私は自分では絶対に買えない超高級マンションを内見することがあります。当然、不動産屋さんをからかいたいわけではなく、富裕層の生活の「普通」の感じを掴みたくてそうしているわけです。

以前、サントリーのウイスキー「山崎50年」が1本100万円で販売され、あっという間に完売しました。そして2020年、「山崎55年」が1本300万円、100本限定で発売されました。

皆さんは、この価格をどのように思うでしょうか？

私は安すぎると感じました。個人的には1億円でも100本売れたと考えています。ちなみに2020年、「山崎55年」は香港のオークションで620万香港ドル（約8515万円）、山崎50年は東京のオークションで2800万円の値がついています。

これは、サントリーの担当者の方々が富裕層の「普通」の感覚を把握していないことで、価値観の差を掴みかねたのではないかと推測しています。

もっと高く売れると思いつつ、自社の大切な商品を投機の対象にすることをよしとしなかった可能性や、一般層の反感を恐れた可能性もあるとは思うのですが、それにしても、300万円はあまりにももったいない値づけではないか。「山崎」は、世界的な酒類の品評会でも数多く受賞するなど、もともと品質には定評がある上、そもそも数百億円、数千億円をかけようとも、熟成に費やした50年という時間を縮めることはできません。本当にお金を持っている人にとっては、1億円という値段でも決して高くはないと思いますが、ともあれ、もっと「高く売る」

ことはできたはずなのです。

富裕層から大きく儲けたなら、その利益を低価格帯の商品開発に大いに活用する再分配をすれば、「結局、経済で富裕層や大企業を優遇しても、彼らから溢れた富が低所得者層へと滴り落ちる『トリクルダウン』は起こらないのでは」などと言われる昨今、むしろ喝采を浴びるのではないかとすら思います。

もちろん、私にとっては100万円のウイスキーも十二分に敷居の高い買い物で、富裕層の「普通」を推測している格好です。ひょっとすると本書を読んで「1億円はさすがに高すぎる」と思うビリオネアもいるかもしれません。

しかし一部、推測や想像に頼らざるを得ない部分があっても、今後のビジネスを考える上で、経営者にとっては、(一般の人の「普通」レベルを十分に理解した上で)裕福な人たちの文化を知ろうとする努力は欠かせないものになると考えます。

なぜなら、繰り返し述べているように、これからの中小企業やベンチャー企業の活路は、大手の大量生産品にはない新しい価値を持ち、高値で売れる商品やサービスにあるからです。そして、その最大のターゲットは、富裕層というレベルかどうかはともかく、ある程度お金を自由に使える層になるはずです。

まとめると、**価値観の差で利潤を生むためのポイントは、幅広い文化に触れつつ、それぞれの文化の「普通」を把握すること**です。

とくに、自社のビジネスの対象となる層の理解は必要不可欠で、その層が自分や自社から遠い位置にある場合でも、できるだけその場に足を運び、人と触れ合い、対話するなどして、理解を深めようとする努力をするべきでしょう。

ちなみに、価値観の差を知る手っ取り早い方法は、「その文化の中にいる、別のバックボーンを持つ人」の話を聞くことです。

たとえば、私は海外旅行をすると、その地で少なくとも10年以上暮らしている日本人を探してガイドをしてもらうようにしています。日本人が見るとそうではない現地の「普通」を教えていただけるので、価値観の差を見つけやすくなります。現地人のガイドさんではこうはいきませんし、その国が好きで移住したばかりの日本人では、いいところ、刺激的なところばかりが目につく段階で、日本文化の「普通」と冷静に比較できる視点が身についていない可能性があるでしょう。

SECTION

05

COVID-19で人は本当に地方に行くのか？

COVID-19の影響で、そもそもの「オフィス」や「現場」の所在地が変わってしまう可能性があります。その場合、私たちはどのように考え、対処するべきなのでしょうか？

先に結論を述べてしまうと、私自身はこれまでに述べた内容に変化はないと考えています。最近では、前述のパソナグループの淡路島移転に続いて、大手芸能事務所のアミューズが山梨へ本社機能を移転すると発表し、音楽ソフト大手のエイベックスや電通グループの本社ビル売却のニュースも話題になりました。これらの動きも、「かつては大都市のオフィスでするしかなかったが、今ならどこでも可能な仕事」のコスト＝高い家賃の削減を意図しています。

しかし、企業の根幹たるミッションの策定や、新しい価値を生み出すためのディスカッションなど、簡単に答えが出せない議題の多くは、これまでと同じ場所——たとえば縮小した東京のオフィスで行われるのではないでしょうか。

また、そのようなディスカッションも移転先でするようなら、その企業の経営者や役員は2拠点生活を実施し、移転先で過ごす時間のほうが多い生活スタイルになると推測します。少なくとも私は、それくらい直接の対話を重要視しています。

東京や大阪といった大都市以外の地方に拠点を置き、活躍されている企業経営者もたくさんいます。ただ、少なくとも私が知る限りでは、そのような方は皆さんフットワークが軽く、商談などの予定がなくとも定期的に大都市に足を伸ばし、経営者仲間と会って情報収集をしている印象があります。

そういった企業は、地元の「普通」とそれ以外、別の都市の「普通」とそれ以外を把握しているので、価値観の差も見つけやすいのだと考えられます。

地方の衰退の根っこにあるもの

結局のところ、「人が集まる場所で文化が生まれる」という大原則は変わりません。

地方創生の成功事例を見ても、その場所に、考える力や文化への洞察を持った人たちが集まるきっかけが何かあって、全国的にも話題になるような施策が生まれるのであり、最初は人ありきでしょう。当たり前の話ですが、魅力的な人材なくして、魅力的な発想は生まれません。私の場合であれば、もし東京が魅力的な経営者・魅力的な企業が集まる場所でなくなるような ら、移転を考えるはずです。

付け加えれば、こうした一部の成功例を除けば、日本の多くの場所で衰退が進んでしまっていることには、地方における「クルマ社会」の発達が大きく関係していると私は考えています。理由は、**クルマ社会では、移動のプロセスにおける「偶発的な出会い」が少ないから**です。

先日、ある電力会社の役員の方と、自動車で地方の視察にご一緒しました。目的地へ向かう途中、商店街なども見てきたのですが、その多くは、道路を挟んで両側にシャッターの閉まったお店が並んでいますし、そもそも誰も歩いていません。

同じような道路でも、人が多く集まる都市部なら、歩行者天国にすれば、露店なども含めて小さなお店でも目につくので、きちんと見てもらうことができる。スモールビジネスが成り立つということです。歩いていれば、予想もしていなかった人たち、普段は話さないような人たちとのさまざまな会話が生まれ、活気も育まれます。そして、そういったものが「文化」につながっていく。

地方ではそうはいきません。クルマ社会なので、道路沿い、とくに国道沿いだと大きな看板ばかりが目立ちます。飲食店でも小売店でも、資本のある全国チェーンの店舗が中心。もちろん店員さんにもいろんな人がいるでしょうが、基本的にはマニュアルに則った会話がほとんど。自然はあるものの人がいないので、こと「文化」という側面でみると、意外と金太郎飴のようでつまらない場合も多いのです。

また、電車のように乗り換え待ちなどもないので、「次の電車まで時間があるから近くを散策するか」ということも起きません。一直線に目的地に到着するまで、同乗している人以外で話すのは、せいぜい立ち寄ったコンビニの店員くらいでしょう。

つまり、人との会話も少なく、その地域の資本の食堂や商店、会社に直接お金が落ちることにもつながりにくい構造なのです。

少し引いた視点で、会社だけでなく自治体も含めて考えると、一般的に都市部に比べて人材や使えるお金の少ない地方においては、価値観の差を見つけ、多くの人が価値を感じてくれるビジネスあるいは政策のアイデアを出すことが急務です。そのためには、価値観の差を知るきっかけとなる「偶発的な出会い」が重要なのですが、クルマ社会が発達すると、そうした機会も失われます。そして、それによってよいアイデアがますます生まれなくなり、活気が失われ、ますます人やお金が集まらなくなる――そうした悪循環に陥っているのではないでしょうか。

もちろん、こうしたクルマ社会の弊害は、都市であっても大きくは変わりません。世界的にみれば、フランスのストラスブール、ドイツのフライブルク、ノルウェーのオスロなど、中心街では自動車の乗り入れを制限し、トラムや路線バスなど公共交通機関や自転車、徒歩で移動するように誘導することで中心街の活気を取り戻している街が数多くあります。こうした政策は、まさにクルマ社会と文化の関係を反映したものだといえるでしょう。

「文化を生む人間」が一番集まる場所を知る

では、地方にとって、これから何が一番大事なのか？　大人、とくにお年寄り中心で発想してはいけないということです。

私自身も子育てをして感じたのですが、子どもが保育園や小学校に行くと、親同士でも人間関係ができたりします。それを面倒だと感じる人もいますが、ともあれ、ふだん仕事などではまったく会うことがない人、世界が違う人とも話すことになる。そうした会話の中では「あぁ、これについて、こんなふうに捉える人もいるのか」といった発見があります。それが新しい商品やサービスの種になることもあるのです。

いずれにしても、**新しい企画や大きなビジョンを描く人は、そこに住まずとも、最低限、「文化を生む人間」が一番集まる場所を知っておく必要がある**と考えます。

そのような観点でいうと、私は大都市以外にも拠点を持つ企業の今後に注目しています。たとえ本社機能を移転する東京の企業が増えていっても、重要な議題を検討するボードメンバーの行動様式はあまり変わらず、それらの企業の本質も変わらない場合が多いのではないかと推測します。むしろ、東京などの都市の文化を知る人材がほかの地方に拠点を移すことで、そこで価値観の差を発見し、新しいビジネスや企画が生まれる可能性があるのではないでしょうか。

高価格帯を中心とする独自の戦略で知られる秋田県の酒蔵・新政《あらまさ》酒造が現在のような躍進を

見せるようになったのも、8代目の佐藤祐輔氏が蔵元になったことがきっかけです。「日本酒界のスティーブ・ジョブズ」とも呼ばれる佐藤氏は、家業に戻るまでは東京大学を卒業してジャーナリストとして活動していた、文字通り異色の蔵元です。安価な醸造用アルコールを使わない純米酒のみに絞り、杜氏を若手に切り替え、地元の秋田産の米だけを使って木桶で仕込む伝統的製法に回帰。矢継ぎ早に改革を進め、経営不振に陥っていた会社を立て直すだけでなく、短期間に多数のコンテストで最高賞を獲得する酒蔵に生まれ変わらせたのです。

佐藤氏は、酒蔵の息子に生まれながら、30代で静岡の名酒「磯自慢」を飲むまで日本酒にまったく興味がなかったとのこと。だからこそ日本酒文化をこれまでとは違う視点で見られるのではないかと思います。とくに、品質へのこだわりだけではなく、そのよさを広めていく方法においても、都市に住まう人々の文化への深い洞察を感じます。

いる場所が変わっても、情報と文化の大原則は変わらない

以上のような理由から、私は今後コロナ禍がまだまだ続き、地方に軸足を移す企業が増えたとしても、文化の面でのあり方が大きく変わることはないと考えています。

一見、大きく変わるように見えて、その実、多数の社員が自宅でテレワークをしていたのが、移転先のオフィスで仕事をすることになる、という程度の変化に留まる企業が多いのではないでしょうか。

ただ、すべての人員が移転する企業の場合は、要注意です。

ビジネスが移転先の風土に根ざしたものであっても、その比較対象として、東京などの大都市の文化をキャッチする機会を定期的に設けるべきだと考えます。

あまりよくない表現かもしれませんが、私自身、日本の地方で見られる「お金持ち」の生活は、バリエーションが少ないと感じています。大都市でさまざまな富裕層の生活様式を、感覚的にでも掴んでおくことは、とくに高価格・高利益の商品やサービスで勝負する上で重要です。

新政酒造唯一の定番生酒「No.6」は、２０２１年に発売10周年を迎え、佐藤氏が愛好する6名のアーティストとコラボレーションした特別デザインでの発売が行われています。

このような施策ができるのも、佐藤氏が日本酒以外の文化を知り、好んでいるからこそでしょう。そして、特別デザインを担当するアーティストと関係性を築く上では、メールやビデオ会議だけでなく、直接膝を突き合わせて、新政のお酒を酌み交わしながらディスカッションをする機会も少なからずあったのではないでしょうか。

今後、自分のいる場所、足を運ぶ場所が変わっていったとしても、情報と文化の大原則は変わることはありません。

直接現場を見て、人とディスカッションすることでしか得られない情報がある。文化は人の集まる場所から生まれる。

この点を押さえておけば、場所が変わろうとも、自分がやるべきベストな行動は、その都度、適切に導き出せるはずです。

SECTION
06

ＤＸはコスト削減のためのものではない——デジタルの本質は「奴隷解放」

ここまで述べてきた内容は、基本的にはＤＸ（デジタルトランスフォーメーション）が進み、ＩＴシステムを活用する企業に向けてのものです。

新しい価値を生み出すために深く考える、価値の高い情報を引き出すために現場に足繁く通う——これらの行動には時間がかかります。１時間ほど軽く会議をすれば、簡単にアイデアが生まれるというのなら、苦労はないでしょう。

そのような仕事に集中する時間を確保するには、そのほかの業務の効率を最大限に高めるしかありません。少なくとも、ＩＴで代替可能な仕事を人間にさせる余裕はありません。

この項では、デジタルを活用する上で意識するべきポイントをまず見ていきます。具体的なツールの説明や導入に向けての解説などは、ＩＴ導入の専門家の書籍などをご参照いただくとして、ここではその土台となる考え方を深めていきたいと思います。

日本企業の現状

まずは、日本企業のＤＸに関する状況や意識をいくつかの調査から見てみましょう。

図表15は、デジタル化の取り組みについて企業に行ったアンケート調査の結果です。

「他社と比べて、かなり進んでいる／ある程度進んでいる」をトップランナー、「あまり進んでいない」をセカンドランナー、「かなり遅れている」をフォロワーと定義して、自社がトップランナーだと捉えているのは39・4％とのこと。

自己申告の上、「あまり進んでいな

図表15　デジタル化の取り組み状況

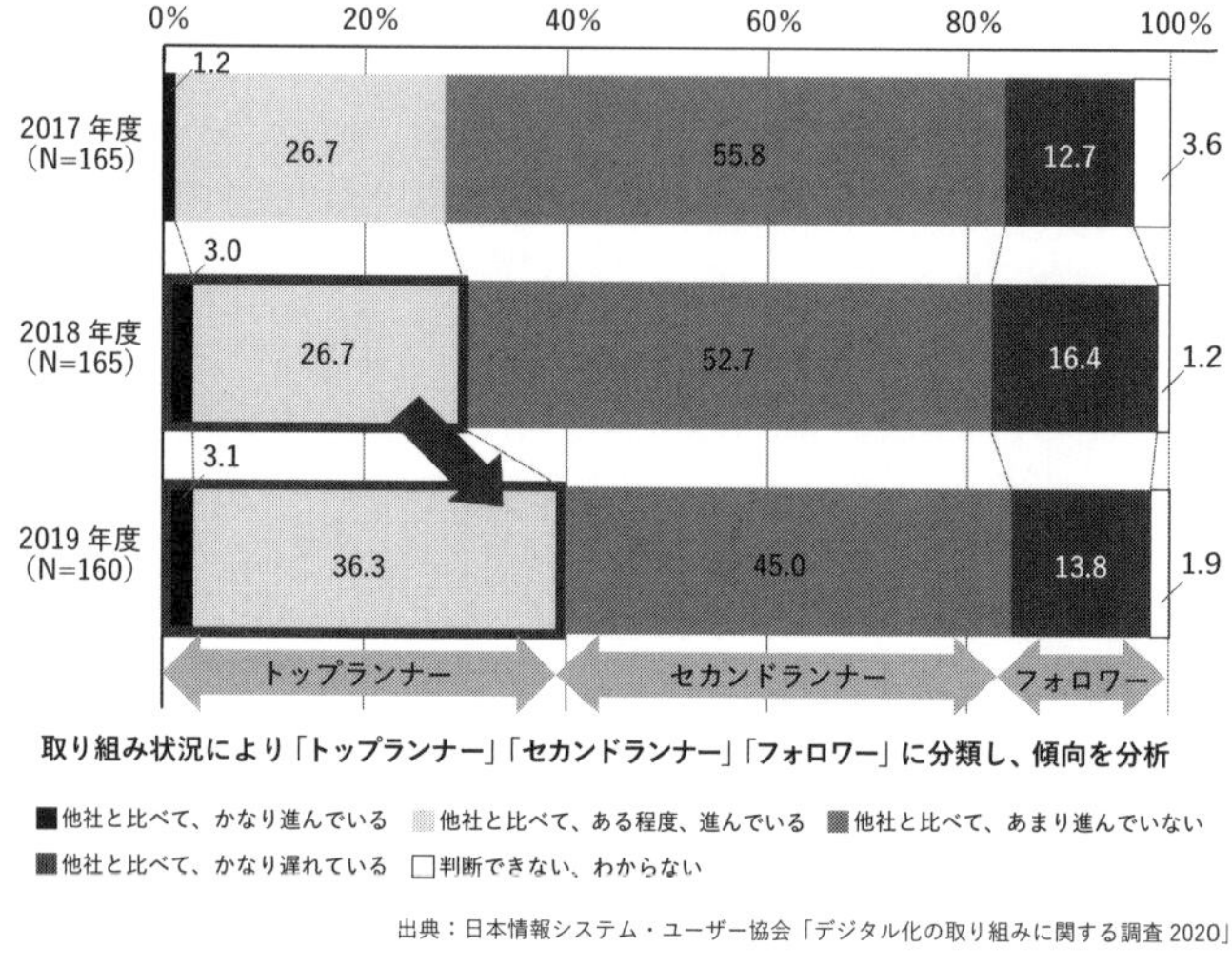

出典：日本情報システム・ユーザー協会「デジタル化の取り組みに関する調査2020」

い」をセカンドランナーとしてよいのかなど、別の論点もあるものの、前年度が29・7%、さらにその前の年度が27・9%ですので、全体としてはデジタル化が少しずつ進んでいるとはいえそうです。ただ、この調査の対象は大企業・中堅企業が中心のため、中小企業では「トップランナー」の割合がより低くなるだろうと推測されます。

また図表16は、社内のデジタル化推進の責任を誰が負っているかを尋ねたものです。

これを見ると、図表15で「トップランナー」に位置づけられる企業のほうが、

図表16　社内のデジタル化推進の責任者は？

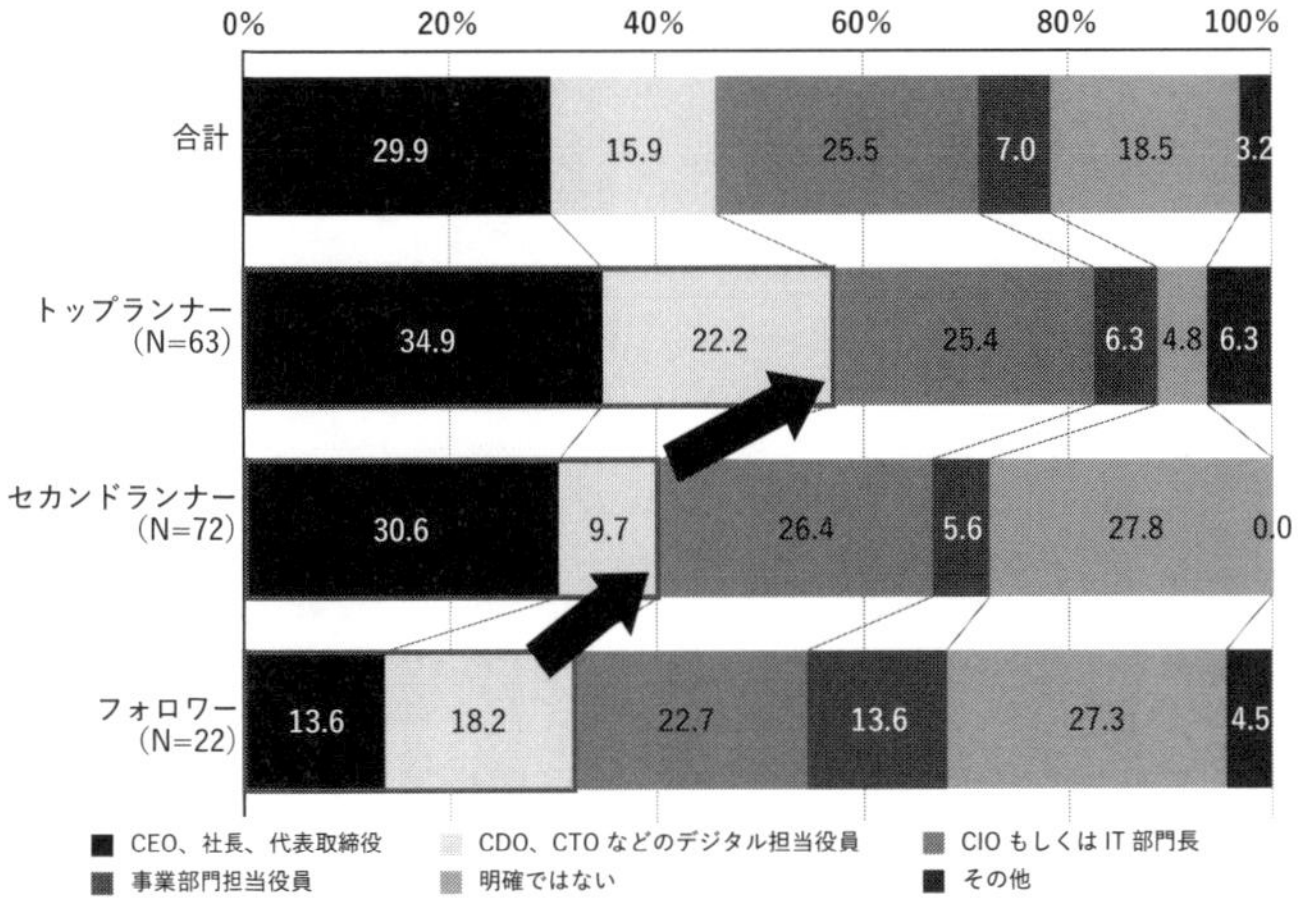

出典：日本情報システム・ユーザー協会「デジタル化の取り組みに関する調査 2020」

経営トップや役員など、より高位の役職にある方が責任者として「デジタル化の旗振り役」を務めていることがよくわかります。逆に見れば、**トップまたはそれに近い立場の人が責任を持って率いなければ、全社的なＤＸは難しい**ともいえるでしょう。

図表17は、いわゆるレガシーシステム（旧式システム・老朽システム）が社内にどのくらいあるのかについて質問した結果です。

業種によっても大きく違いがありますが、とくに金融や商社・流通では、メインフレーム時代のシステムやアプリケー

図表17　レガシーシステムの状況

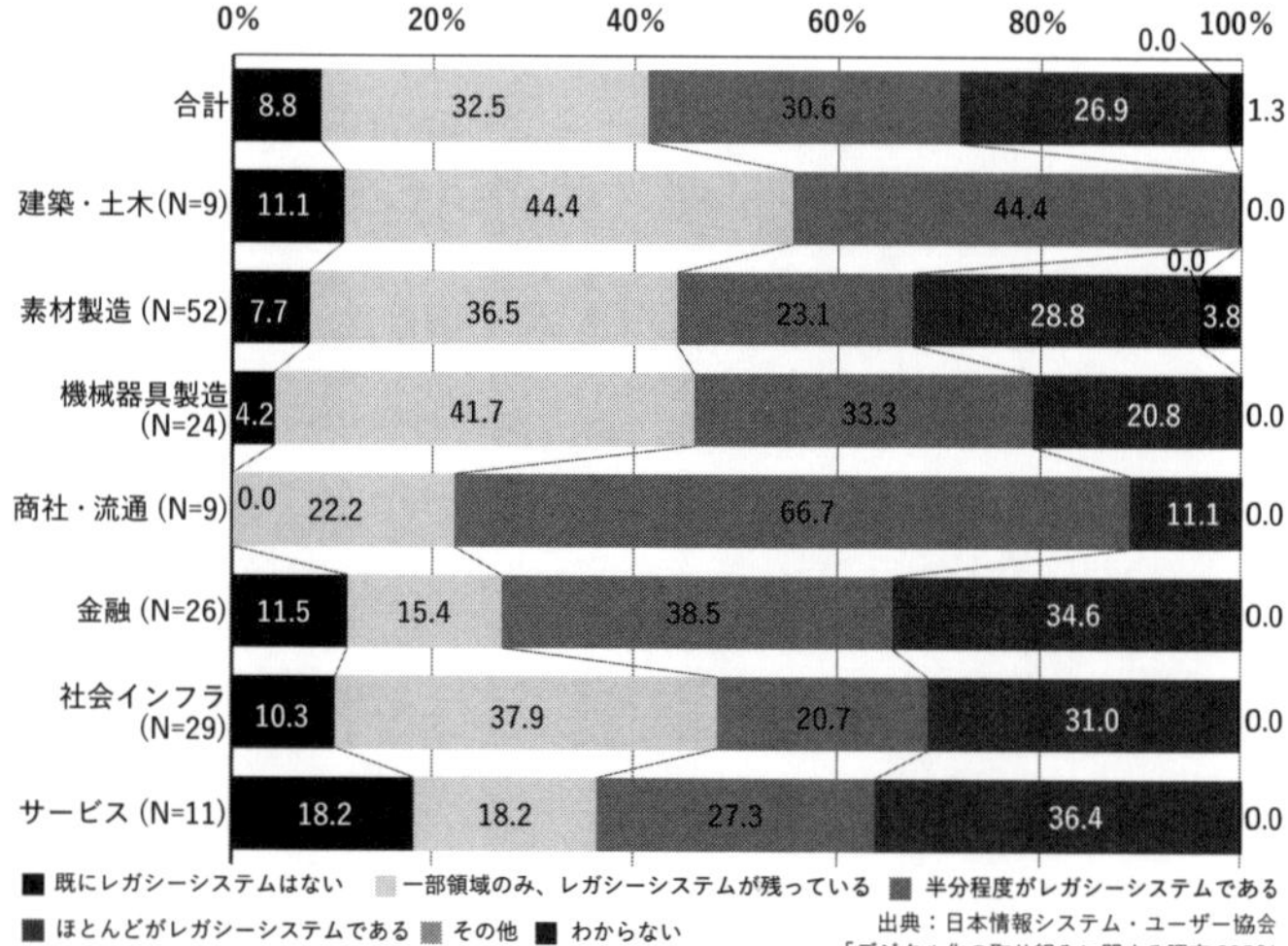

出典：日本情報システム・ユーザー協会
「デジタル化の取り組みに関する調査 2020」

ションをつぎはぎで数十年使っていることも多く、組織が巨大なこともあり、「半分程度／ほとんどがレガシーシステム」という企業が計7割以上にのぼっています。レガシーシステムの残存は、セキュリティリスクや、保守できる人材がいないことでのブラックボックス化、それによる保守費用の高騰など、さまざまな弊害が指摘されています。

２０２０年7月には、東京のお台場などを走る新交通「ゆりかもめ」で、設備メンテナンスで使っていたＮＥＣの25年前のノートＰＣ「ＰＣ－９８０１」が引退したというニュースが流れ、話題を集めたりしました。トラブルで止まることが許されないインフラ企業などでは、広く使われていて問題や不具合も出尽くした、いわゆる「枯れた技術」が好んで使われる場合もありますし、このお話自体は心温まるエピソードでもあるのですが、何かが起こったときに保守ができる人材がいないことは、直接のリスクになりうるというのは間違いありません。

なお、デジタル化を推進するにあたり、社内の担当者が望んでいることは、「自分の仕事がなくならない、自分の仕事が楽になる、できたら自分の手柄が増える」です。

われわれも昔、ＵＦＪ銀行の基幹系システムをオブジェクト指向※で再構築するという、世界的に見ても挑戦的な開発プロジェクトに参加しましたが、その後、２００４年に東京三菱銀

※ プログラム全体をオブジェクト（モノ＝互いに密接に関連するデータと処理手順）の集まりとし、プログラミングを「オブジェクトの作成および操作」と捉える考え方で、Python や JavaScript など、この考えに基づく多数のプログラミング言語がつくられている

行とＵＦＪ銀行の合併が決まり、06年の合併時には古い東京三菱銀行のシステムを残してＵＦＪの最新システムは停止されることになりました。

これなども、システムが止まると自分の仕事がなくなる担当者や、存続の危機に直面する子会社などによる社内の政治的争いの結果で決まったのですが、担当者に任せると、「どちらのシステムがよりよいか」は二の次になります。また、別の某銀行では、3社の対等合併を優先するあまり、3社のシステムをそれぞれ残したため、システム連携に莫大な投資が必要になり、さらにシステム維持費用も増えるという悪循環に陥りました。

そうであるからこそ、デジタル化やシステムの更新は社内事情を考慮せず、必ず経営トップ主導でお客さまのメリットを最大限に優先すべきなのです。別の表現でいえば、「**デジタル化で仕事がなくなり、部署異動になる人**」**が多数生まれないデジタル化は無意味**です。また、デジタル化は既存の業務フローの一部をデジタル化するのではなく、今ある技術を前提に再構築しなければ、飛躍的な売上増やコスト削減、業務速度の高速化はできません。

逆に、当社のお客さまの間でも事例がありますが、これだけ情報技術のイノベーションが進むと、その活用次第でトップ企業をあっと言う前に追い抜くこともできます。

効率化を突き詰めると「人間の居場所」がなくなる

デジタルを使う上で、これからの時代に強く意識する必要があるポイントがあります。それは、第1章でも経営管理的な視点でお話ししましたが、「効率化」を目的にしないことです。

ITシステムを有効活用すれば効率は劇的に上がります。企業によっては、これまでの仕事がばからしくなるほどの変化があるでしょう。しかし、それはあくまでも手段です。

事務作業の手間を大幅に圧縮した結果、つくる商品やサービスがこれまで通りであっては問題です。残業代などの圧縮はできるので、企業の寿命を伸ばす効果はあると思いますが、延命効果は長くても10年くらいでしょう。

そうではなく、目的は「自社をよりよくすること」であり、具体的には、効率化で確保できた時間を情報収集や深い思考に費やすことです。

これは「**自社で文化を生む試み**」と換言できます。

このあと詳しく述べますが、かつての特権階級は、庶民や奴隷に労働を担わせて、生まれた余暇で文化を生み、育てました。この方法論を、苦しむ人を生む形ではなく、事務作業をデジタルに担わせて時間をつくるために使う。そして、その時間をクリエイティブに注ぎ込んで魅力的な商品・サービスを開発し、何十年と生き残っていく企業になる――。

これこそが、デジタルの力であり、これからの企業の常識であり、ＤＸが進んでいない企業の目指すところです。

大量生産・大量消費時代は、効率化が商品力（＝経費が減ることで価格が安くなること）につながるため、効率化を「目的」にしても勝つことができました。また、そうであるからこそ手段と目的が混同されてしまうのですが、中小・ベンチャー企業がその方法論で２０２０年代を生き残るのは難しいでしょう。


そして手段としても、効率化の追求はこれからの社会に合いません。

なぜなら、効率化を突き詰めると、最終的には人間の居場所がなくなるからです。


チャップリンの映画『モダン・タイムス』の時代から、人間の自由と効率化との戦いは変わらぬテーマです。産業革命は機械がすべてを担う革命ではなく、むしろ機械が上位で、機械を止めないために人間が監視されてしまう。決まったものを大量生産するにはベルトコンベヤー方式が最も効率的ですが、ベルトコンベヤーを止めないように工員が酷使されてしまいます。

先にも述べた船井電機が、かつてテレビなどを世界一安くつくれたのも、ベルトコンベヤー方式の効率を極限まで追求したからです。毎日少しずつベルトコンベヤーの動きを早くして、どこかで失敗が起きるとみんなで集まり、「この速度でできない理由は何?」と考えて改善したそうです。

この改善を考えるプロジェクトマネジャーらはやりがいがあるでしょう。また、現場の工員も初めのうちは興奮があったかもしれません。しかし、このスピードアップ→失敗→改善→スピードアップをある程度繰り返していると、現場で働く方々は、チャップリンのように次第に追い詰められていくのではないでしょうか。

要するに、**効率化を極限まで追い求めると、経営者レベルでは影響が出なくとも、社員に負担がかかり、現場の空気が殺伐としてしまう**のです。こうした企業は、大量生産・大量消費のビジネスモデルにしか対応できず、もはや新しい価値を生み出すことはできません。

また別の見方として、自動改札機のように、ミスをする人間よりも、デジタルに任せたほうが安心できる仕事もたくさんあります。つまり効率化の先には、精神的にも、そして場合によっては物理的にも、人間の居場所がなくなってしまう可能性があるわけです。

私たちが目指すべきは、いたずらに人間の居場所を奪うビジネスではないはずです。

デジタルは「人間の居場所」を増やしている

デジタルが人間にもたらしたのは何か？

それは、「**奴隷解放**」です。**ＩＴやコンピューター制御で稼働する機械によって、人間は多くの「機械的」な作業から解放された**のです。

今、「ＩＴで代替可能」とされる仕事を実際にしている方や、今後、「ＡＩが進歩すればなくなる」と予測されている職業に就いている方は、デジタルを敵のように思われるかもしれません。しかし、デジタルは常に健気に、不平も不満も漏らさずに人間に奉仕しています。もちろん、デジタルが人間に悪影響を与えるケースもあるにせよ、それも人間の使い方ひとつです。

そもそも、機械もＰＣもなかった時代から、為政者の方針ひとつで取り潰しになってしまった仕事や産業は数え切れないほどあります。少し冷たい言い方に思われてしまうかもしれませんが、ＩＴで代替可能な仕事をしている方は、それまでの仕事で積み重ねたスキルを最も活用できる、「人間にしかできない仕事」を探すよりほかありません。なぜなら、この流れは、今後も止まるとは考えられないからです。デジタルには、この「奴隷解放」という大義があるので、人類がある限り進化は続くでしょう。人間はその流れに逆らうのではなく、むしろその流れに合わせて、自分の活躍する場を探すべきです。

そもそも、デジタルは人間の居場所を増やしているのです。目が見えない方、手が使えない方でもPCを使えるのも、デジタルあってこそ。耳が聞こえない方のコミュニケーションにも大いに活躍します。

そして、そのような仕事があるのは、人間が文化を築いてきたからです。ただ生きて自給自足をするというだけなら、人間のやるべきことは、そのほとんどが肉体労働になってしまいます。その場合、体の弱い方や障害を持って生まれた方などの活躍できる場所は大きく制限されるでしょう。今が障害者にとって問題のない社会だとはまったく思いませんが、活躍できるフィールドが広がっていること、そしてデジタルの進歩によってさらに広げられることは、紛れもない事実です。

かつては文化が生まれる場所は「人の集まる場所」ではなかった

では、「デジタルが障害者をはじめ、社会的弱者やマイノリティに活躍する場所を与えていること」が、なぜ文化によるものなのか。

先ほど「人が集まる場所で文化は生まれる」と述べましたが、このように言えるのも、日本なら江戸時代に庶民の文化が花開いて以降の数百年の話でしかありません。

それ以前は、「特権的に豊かな層がいる場所」でしか主要な文化は花開きませんでした。なぜなら、**文化は余暇があってこそ楽しめるもので、かつての庶民は肉体労働に明け暮れるだけで1日が簡単に終わってしまっていたから**です。

古くは万葉集に防人の歌が収録されているように、苦しみを紛らわせるために歌を詠む、口ずさむといった文化は庶民の間にもあったとは思います。しかし、それこそ今日のデジタルの世界のように場所も費用もあまりかからずに大量の記録をできるわけではありませんから、たまたま特権階級の心の琴線に触れて書き留められたものや、辛うじて口伝などで伝わってきたもの以外は、ほとんど残っていません。

そのような理由もあり、今日、私たちが歴史の積み重ねを感じる美術や工芸・学問・文学・

音楽・美食などの深遠な文化は、「労働の必要があまりない特権階級」が育んできたものといえます。

見方を変えれば、かつて文化には、ほぼハイカルチャーに属するものしかなかったわけです。それ以外の文化が勃興したのも、人間が豊かになったがゆえです。今はむしろ、ローカルチャー（ポップカルチャー）、つまり大衆文化を愛する人のほうが多い時代なのかもしれませんが、その源流——楽しむことに時間とお金を使う意識や、文化に関係する作業が仕事になる流れは、世界各国の王侯貴族たちの間だけで育まれてきたのですから。

このように、デジタルは一部の特権階級だけの占有物ではなく、万人に開かれ、人間の居場所を増やすものであるからこそ、この流れが止まることはないのだと思います。

デジタルに意思はありません。ですが、デジタルの歴史を推進してきた偉大な経営者たちは、総じて「世界をよりよいものにする」という意思を持っています。

世界の化石燃料への依存を止め、持続可能なエネルギーの確立を志向するイーロン・マスク氏が、2014年にテスラの持つ特許を開放すると決めたとき、「真の競争相手は、ごくわずかな『テスラ以外のEVを開発する他社』ではなく、世界中で毎日大量に生まれるガソリン車だ」と述べていたのは非常に象徴的です。

まだまだ世界規模で見れば、奴隷のような厳しい労働を強いられる人たちはたくさんいます。そのような環境を変えるには、おそらく正義感に訴えるよりも、使役者に「この仕事は機械やＡＩに任せよう」と実利から思わせるほうが手っ取り早いのではないでしょうか。

優れたシステムを世界中に広め、ありとあらゆる人が自由に文化に触れ、楽しめるようになるまで、少なくともデジタルの進化は止まらないと私は考えます。

ＤＸで地方ではより大きな変化が起こる

ここまで、主に私が住み、会社のある東京目線で話を進めてきましたが、大都市圏以外にある企業にとっては、より大きな変化が起こるかもしれません。

私は**今後、全国の地方企業の競争相手に、大都市圏の同業他社が加わる可能性が高い**と考えています。

２０２０年だけでも大変な変化がありましたが、とくに大きなものとして挙げられるのはビデオ会議の増加です。

繰り返し述べているように、私は直接の対話を非常に重要視していますが、それはそれとして「ビデオ会議で十分な会議・出張」が多々あることは紛れもない事実です。

２０２０年にその多くが可視化されたことで、たとえコロナ禍が収束したとしても、経費削減などの理由から、ビデオ会議自体は今後も増え、活用されていくでしょう。

ビデオ会議が増えると、私はいわゆる「人間力」で仕事を取る手法に影響が出ると考えます。

まったく無用とは思いませんし、同じ商品力なら、人間力の高い営業が売れば、より成果が出るとは思います。しかし、この能力を十全に発揮するには、直接のコミュニケーションが重要になるのではないでしょうか。

失礼ながら、ビデオ会議で済む用事でも「とりあえず来て」といった形で担当を呼び出すタイプの経営者は、地方により多い印象があります。そのような企業がビデオ会議やチャット中心のやり取りに慣れると、人間力ではなく、商品力勝負で決まる取引も増えると予測します。

そして、やり取りがネット中心になると、取引先の場所はあまり関係なくなります。

結果、地方では「技術のある企業ならどこの会社でもいい」と考える企業が増え、さらに大都市圏でも価値観の差に着目し、地方への売り込みに力を入れる企業が増えると思うのです。

もしも、今の自社は人間力で保っていると感じる経営者の方がいるようでしたら、商品力の底上げにできるだけ早く着手することをおすすめします。

そんなことは一朝一夕には叶わないと思われるかもしれませんが、今こそそのチャンスです。なぜなら、コロナ禍で移住・転職を検討している優秀な大都市圏の人材がいるからです。

また、周辺地域で抜きん出た商品力を持つ企業も、優れた主観の持ち主と出会う機会があるようなら、積極的に雇い入れるべきだと私は思います。

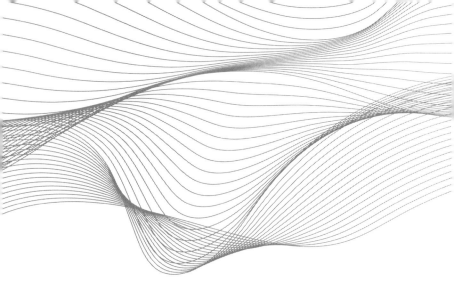

第 4 章

2020年代を乗り越えるために

――経営、人、そして具体的な方向性

SECTION

01

過去ではなく「未来」で勝負する

最後の章となりました。ここでは、これまでに述べた流れを踏まえて、2020年代に企業経営がどのように変わっていくべきか、とくに「高く売る」ために、どんな点を重視し、何をして何をしないのか、その方法を考察していきます。

本書は基本的に、私が経営するレッドフォックスのような中小・ベンチャー企業の「経営者」や「従業員」にご覧いただくことを念頭に置いていますが、まずは簡単に大企業についても触れておきましょう。

前述したように、大企業は「データをお金にする時代」になっています。COVID-19の影響もあり、デジタル化が急速に進展。方向性が適切であるかどうかはともかく、政治もその動きを後押ししています。

この**デジタル化の要点は、以前は「省力化」のためのものであったのが、とくに近年は、「い**

かにデータを集めるか」が主眼になっていることです。

現在、「技術やコストの面ではデジタルで代替可能な仕事」を主に人力で行っている企業から見ると、ITシステム導入の効果は省力化に思われるでしょうし、実際にその効果自体もそれなりに大きいといえます。

ただ、最新のデジタルツールがそのような省力化を実現できるのは、データ集約の効率がよくなったからです。

つまり、人間が数字を手で入力する作業よりも、スピーディに、的確にデータを入力できるようになり、結果として作業が簡単になったわけです。しかしそうなると、大枠では、市場の動きや顧客の行動といったあらゆる情報がデジタル化され、そのデータを取り合うパワーゲームが展開されることになるでしょう。

第2章で、情報をただ覚えていることよりも、考えることが重要だと述べました。その理由は実にシンプルです。覚えられる情報は、過去のものでしかないからです。

過去の情報を集め、新しいビジネスのヒントを生み出すこと自体は、決して不可能ではありません。——というよりも、ビジネスの定石というべきなのかもしれません。

しかし、過去の情報の分析は、ＡＩが人間とは比較にならない処理能力を持っています。そのため、ビッグデータ時代においてこの方法論で勝てるのは、ＡＩを使いこなせる企業、そして、ＡＩに学習させる大量の情報を入手できる企業に限られます。

要するに、これは超大企業が圧倒的に有利なやり方なのです。

PayPay株式会社の２０１９年3月期の売上高は約6億円、営業利益は約３６６億円の赤字で、２０２０年3月期の売上高は約92億円、営業利益は約８２２億円の赤字、２０２１年3月期の売上高は約３００億円、営業利益は約７２７億円の赤字という凄まじい収支バランスになっています。

キャッシュレス決済はまだ種まきの段階で、２０２２年にPayPayに統合されることになったLINEPay、あるいはメルペイも赤字を垂れ流している状態ですが、文字通り桁が違います。

それでも、ソフトバンクグループがPayPayを広げるためのキャンペーンの手を一切緩めないのはなぜか？　将来的な手数料収入や、PayPay証券・PayPay銀行などのサービスが形成する「PayPay経済圏」に囲い込む目的もあるにせよ、それ以上に、「情報そのもの」に大きな価値を見出しているからでしょう。

人間がいつ、どこで、何にお金を使ったかというデータを膨大に積み上げ、ＡＩに分析させれば、さまざまなビジネスチャンスを見つけられるに違いありません。もちろん、そのこと自体は想像に難くありませんが、それを実行できるプレーヤーは、文字通りひと握りしか存在しないのです。

未来へ「ヤマを張る」のは人間にしかできない

中小企業がこうしたパワーゲームに参画するのは無理があります。集められるデータも、そのデータを分析するＡＩも、質量ともに勝ち目がありません。

ですから、大企業とは別の土俵――つまり、**ＡＩではなく「人」、過去（のデータの分析）ではなく「未来」で勝負するしかない**のです。

リップルという暗号資産（仮想通貨）があります。１リップルが0・2円のときに1億円分を購入した知人がいるのですが、２０２１年1月31日の時点で、１リップルは約２５０倍の50・１７円となっています。約１５００倍になっていた時期もありました。

このように未来へ「ヤマを張る」のは、今のところ人間にしかできません。

ここで大切なのは、あくまでもこのような予想は「ヤマを張る」行為でしかないということです。どれだけ質の高い情報を仕入れ、自分なりに精査を重ねたものであっても、「10回やって1回当たればいい」というくらいの考えで臨む必要があります。

データ量の十分でないところから、仮説を立てて賭ける。ただ、これが一発で当たると思うのは明らかに間違いでしょう。

この点を踏まえて、中小・ベンチャー企業の経営者の皆さんにお伝えしたいのは、**成功率が1割として、「9割の失敗を許容できるマネジメントの重要性」**です。

人と未来に賭けるビジネスをするなら、少々の失敗が大問題になってしまうような企業では成り立ちません。日本人はとくに失敗を恐れる傾向があると私は感じていますが、そのような気質の企業が、戦略だけ未来志向になってもうまくはいかないでしょう。

もうひとつのポイントが、「**高い値づけを恐れないこと**」です。

「9割の失敗を許容」できる余力を持つためにも、「高く売る」ことは必須ですが、未来を真に的確に分析して、ほかにない価値を生み出すことができるのなら、高値でも確実に売れます。

社会全体として喜ばしいこととは思いませんが、社会の二極化が進んでいること自体は、中小企業にとってはチャンスです。なぜなら、中小企業の事業規模的には、「本当に欲しいものには出費を惜しまない層」に届きさえすれば十分であるからです。

第3章で、1本1000万円の「山崎50年」、1本3000万円の「山崎55年」について触れましたが、1本1億円で売るのを恐れないことが、これにあたります。

規模もそれほど大きくない無名の企業が、いきなりそんな大胆な値づけをすれば、インターネット上で否定的なコメントが出るかもしれませんが、それでいいのです。炎上したらしたで、むしろ富裕層に届く可能性が増すだけだともいえます。

もちろん、まったく根拠のないはりぼての高値では純粋に炎上するでしょうが、内容や質の面でも自信を持って「売れる」「それだけの価値がある」と思える値づけなら、あまり周囲の批判を気にする必要はありません。

むしろ、平均的な考えの持ち主が納得できないから炎上するのであって、「現時点で誰も見つけていなかった価値を発見できたからこそ批判が来るのだ」と考えるくらいのメンタリティであるべきです。

失敗と批判を恐れていては、未来を切り拓くことなどできません。

全員が必要とされ、楽しく働けること

中小企業の未来は、「優れた企画」にしかありません。「デジタル」の質・量で争うのではなく、「人間」でゼロイチを生む。ハリウッドが日本のアニメや韓国映画のリメイク権を購入するのも、企画は人がつくるからです。

逆にいえば、『パラサイト　半地下の家族』が2020年にアカデミー賞の作品賞を受賞したように、企画という一点集中なら、それ以外は世界屈指のアメリカ（＝大企業）に、それ以外の国（＝中小企業）でも勝利することもできるわけです。

ただし、「これからは企画ができる人以外は不要」というわけではありません。ここまで「必要に応じて大胆な人員の入れ替えも行うべき」というように流動性の高い組織を推奨する内容を書いてきたので、私がそのように考えていると思われた方もいるかもしれませんが、その点は違います。

企画はもちろん重要ですが、これから大きな成果を出す企業は、「全員が必要とされ、楽しく働ける企業」でなければいけません。なぜなら、パワハラやセクハラが横行し、企画の人間が事務の人間を下に見るような企業では、社内がギクシャクしてしまい、創造性が発揮されないからです。

ストレスとビジネスの関係を調べた研究は多々ありますが、総じてストレスの多さは仕事に悪影響を与えますし、とくに創造性には大きく影響するとされています。**質の高い情報を取れても、その情報を分析し、未来のビジネスチャンスを考える人間が、精神的に追い詰められているようでは問題**です。

「バックオフィス的な仕事は高い家賃を払ってする必要はない」とも述べましたが、中小企業はフロントオフィスとバックオフィスの距離が近く、ファミリー的な付き合いも多いので、無理に切り分けるのもよくありません。

「自然の豊かな場所で仕事や子育てをしたい」と思う従業員が多数いるなら、パソナの淡路島移転のような施策をして固定費を削減してもいいと思いますが、一方で「引っ越しをしたくない」という人を無理やり異動させてまですることではないでしょう。

ちなみに、パワハラやセクハラがいまだに横行する企業も多々あると思いますが、それで成立しているのは、大量生産・大量消費時代のビジネスをしていたからでしょう。

それは、レベルが低いとはいいませんが、創造性は求められない仕事です。

かつて元日の午前中しか休まず、社員にもハードワークを要求していた日本電産の永守重信氏は、休みを取るようになり、社内も残業ゼロを目標として掲げるようになりました。

このきっかけは、買収した海外企業の視察だそうです。欧州の企業は、社員は残業せず、必ず1カ月のバカンスを取るのに、日本企業より利益率が高い。産経ニュースの2017年の記事「『人の倍働く』信条の日本電産が大転換 グローバルな競争に勝つための残業ゼロ」によると、永守氏は「売上高1兆円以上の会社が、町工場のようなモーレツ企業のままでは生き残れない」と感じたそうです。

創造性を必要としない仕事は、バカンスのないモーレツ社員でもどうにかなるのかもしれません。しかし、人と未来をベースにする仕事は、楽しく働けるような企業でなければ成立しないのです。

少し極端な話かもしれませんが、自分のお金では遊ぶのが難しい従業員もいるでしょうから、会社のお金で遊ばせてあげるくらいのことをするべきだと私は思っています。

ただ、そのような施策をするなら、創造性が必要な仕事をする従業員以外にも手厚い福利厚生を与えなければいけません。遊ばせてもらえる社員と、そうでない社員が出ると、組織の空気は悪くなるからです。

全員にする余裕はなく、企画の人間だけ――といった格差が出るくらいなら、企画以外の業務は、業務プロセスごと外部に委託する、いわゆるＢＰＯ（Business Process Outsourcing）を検討するといった、思い切った判断も必要になるかもしれません。

SECTION

02

人間の力を強みにするために必要なこと

ここでは、社員も役職者も経営者も、中小・ベンチャー企業で働くすべての人間が、個人として具体的に何をしていくべきかについて考えてみましょう。

前述したように、少数のサンプルから違いを見つけ、そこから購買につながる価値観の差に誘導できる営業活動や商品開発が可能なのは、今のところ人間だけです。過去のデータの物量で勝負できないほとんどの企業は、人間にしか取れない情報、人間にしかできない判断で勝負するしかありません。

それが、「現場に足を運び、よく見て、よく話し、よく考える」ことです。

これから必要とされそうな未来の動向を先読みして、それに賭ける。個人的には、これからの中小企業の勝ち目は、そこにしかないと考えます。

対立項がビッグデータやＡＩなので、非常に困難な話のように思われるかもしれませんが、実は、**人間の力で未来の情報を掴む手法は、むしろ中小・ベンチャー企業向き**なのです。なぜなら、大企業が、その情報収集能力と処理能力で仮に商機を見出しても、実際には手を出さないフィールドが存在するからです。

必要としてくれるだろう消費者の顔は明確に見えていても、それが大企業にとってはニッチすぎるニーズの場合、進出するメリットをあまり感じない可能性があります。しかし、規模の小さな企業から見れば、広大なブルーオーシャンかもしれません。

中小・ベンチャー企業はニッチな分野ほど狙いやすい

私は市民の動向の変化を感じるために、小売店の売り場を見て歩くことを趣味にしています。それもあって、また家電の話になりますが、「AQUA」というブランドがあります。

パナソニックが傘下にした三洋電機の冷蔵庫部門と洗濯機部門を、中国のハイアールに売却して生まれたアクア株式会社のブランドで、元三洋電機の技術者が現在も多く在籍しているそうです。

大きな家電量販店の売り場に行くと、たいてい目立つ場所には高額機種が並び、奥に手ごろな値段の機種が並んでいるものですが、AQUAの冷蔵庫や洗濯機は、奥のほうであっても、家電量販店でスペース・立ち位置をしっかりと確保しています。

そんなAQUAの冷蔵庫（冷蔵冷凍庫）を見ていると、同じ容量のパナソニックやシャープ、日立といったメーカーの冷蔵庫に比べて、冷凍室の容量が明らかに大きいことに気づきます。トップメーカーのメインターゲットとなる、日本全体の最大公約数の冷蔵庫ニーズは、まだまだ野菜室などが大きいものが主流なのかもしれませんが、共働き世帯や単身世帯が増えたことで、つくった料理を冷凍したい人や、冷凍食品をよく食べる人が増えています。近年の冷凍食品の進化は大変なものがあるので、料理ができる人でも積極的に利用するケースも増えているでしょう。

AQUAはその流れを読んで、商品開発をしていると感じます。

2020年の1月には、少人数世帯向けのコンパクトな冷蔵庫を、従来機種より約10％大容量化した新機種も発表しています。狭いスペースでも、スーパーでお得にまとめ買いした食材を保存したいニーズに対応し、冷凍室のスペースも広い。天面には耐熱テーブルを設置して電子レンジなども安心して置ける設計になっています。値段もほかの大手メーカーの同サイズに比べると安く、今後さらに増えていくだろう単身者のニーズに寄り添っています。

このような数人の世帯向けの冷凍室が大きめの冷蔵庫や、少人数・単身世帯向けの冷蔵庫は、今後主流になっていく可能性はあるかもしれませんが、現状では日本のトップメーカーのメインターゲットではないでしょう。しかし、中小企業やベンチャー企業なら、大手とがっぷり四つに組まずに済む狭いフィールドのほうが、安心して全力投球できるわけです。

家電でいえば、第1章でも少し触れたバルミューダも非常にわかりやすい例です。同社の名を一躍知らしめた高級扇風機「GreenFan」は、実際にヒットしたことで、従来の扇風機の数倍の値段であっても、「高性能な扇風機があれば、数万円でも買いたい」と思う層がいたことに対する納得感はあります。

とはいえ、大手の場合、ボリュームゾーン商品の手を抜くわけにもいかないので、商機があると思っても、そこに大きく舵を切るのは簡単ではないはずです。ところが中小やベンチャー、スタートアップの場合、ニッチなくらいが狙いやすい。バルミューダがキッチン家電に進出した「BALMUDA The Toaster」の、パンとトーストという着眼点も実に見事です。

ビジネスパーソンが磨くべきは「検索力」

このようなビジネスチャンスに気づくために重要なのは、「検索力」です。

これは、単にネット検索を上手にやれば、チャンスが見つかると言いたいわけではありません。**ネット検索で深い情報にたどり着ける人は、現場の情報から未来のニーズを汲み取る能力も持っている**という意味です。

人類がこれまで生み出してきた発明や研究の叡智は、当然ながらとても個人が一生で覚えきれるものではありません。そこで求められるのは、必要になったとき、その情報に最短時間で到達する能力です。

これには、検索そのものの勘所も必要ですが、まずベースとなる知識が必要です。

たとえば、美味しいカレーのレシピを検索するのは、料理をしない人でも、そこまで難しくはありません。

ある程度の年月を日本で生きていれば、「カレー」のことは誰でも知っています。また、クックパッドなどのレシピサービスをご存じの方も多いでしょう。

ですから、多くの人は、「カレー　レシピ」とか「カレー　つくり方」と検索するか、クックパッドなどにアクセスして、アプリやサイト内で検索をするはずです。ここで、検索力のあるカレーマニアなら、「○○（好きなカレーの名店の名前）　再現　レシピ」などと検索するかもしれません。

一方、専門性の強い分野の場合、なかなかそうはいきません。「どう深掘りしていけばいいのか」がわかる最低限の知識がないと、深い知識になかなかたどり着けませんし、たどり着けたとしても、非常に時間がかかってしまいます。

ウェブデザインをある程度できる人が、ＰＣ用のウェブサイトをスマートフォン表示にも対応させたい場合を考えてみましょう。ＰＣ用モニターやタブレットやスマートフォンなど、デバイスの幅に対応して見やすい表示に自動で切り替えられるデザインを「レスポンシブデザイン」と呼びます。この言葉を知っていれば、「レスポンシブデザイン」で検索して、参考になる記事をアップしているサイトにすぐ到達することができます。

対して、レスポンシブデザインを知らない人は、「ＰＣ　スマートフォン　表示　変える」といったところから少しずつ掘って、まずPC用のサイトをスマートフォンに適した表示をさせるには、どんな方法があるのかを調べる必要があります。

ちなみに、そんな検索ワードで、一発目にレスポンシブデザインの解説サイトにたどり着く可能性もありますが、そのような場合でも「PC　スマートフォン　表示　変える　レスポンシブデザイン以外」と調べるのが、検索力のある人です。なぜなら、最初に見つかったものが、本当に自分の求める正解とは限らないからです。

正解は「新たな大きな問題」の出発点

もちろん、レスポンシブデザインという言葉を知っているだけで、PC用オンリーのウェブサイトを、スマートフォンでの表示に対応させられるとは限りません。学校のテストでいえば不正解で、100%のうち、1%くらいの知識でしかないかもしれない。

ですが、人生は、仕事は、学校のテストではありません。インターネットも使えるし、同僚の知恵も使える。人とディスカッションして何かひらめくかもしれない。それら外部の要素も活用すれば、人生や仕事という大きな場で100%に近づくことができます。ひとりで受けるペーパーテストとは違うのです。

逆にいえば、0%の知識では、そもそも入り口にさえ立てない可能性があります。だから、**覚えることも大切なのですが、本当に重要なのは、その奥に隠れ潜む膨大な知識があることを理解し、何とか出せた正解に満足しないこと**。その正解は、新たな大きな問題の出発点であり、大きな問題に挑むための資格・手段となる知識のひとつなのです。

はっきりいってしまえば、1%の知識だけで正解できるテストの問題には、大した価値はありません。そのテストに正解して満足してはいけない。より大きな問題を常に意識しながら、勉強したり、人と話したりする。そうして身につけた知識なら、本当に役立つ武器になってくれるはずなのです。

ある数学者の方と話していたら、本格的に研究に着手できるのは30〜40代になってからで、これまでに証明されているあまりにも多くの知識をまず覚える必要があり、それを終えたときにはもう若くない——とこぼされていました。

また、医師の知人も、若いころはひたすら覚えることが多く、暗記ばかりで大変だと話していました。現在では、医師になるためには、最低でも医大で6年、研修医になってから臨床研修で2年、専門研修で3年以上学ぶことになります。

数学という人類の知の最前線や、人の命に直結する医学の場合、1％の入り口に立つための知識が膨大なのは仕方のないことかもしれませんが、私は一般的な学校教育はどんどん検索ありきにしていいと考えています。

四則演算がきちんとできない人は、どんなに検索しても三角関数の問題は解けません。また、文系の科目は検索で正解しやすい問題が多いかもしれませんが、それでも点が取れない生徒が誰かはっきりわかることで、本当に基本的な知識が身についていない生徒の可視化とフォローアップも容易になるのではないでしょうか。

ちなみに、プログラミングも検索力が非常に重要です。

プログラミングをされたことがない方は、意外に思われるかもしれませんが、超一流のエンジニアは、朝から晩までモニターを一心に見つめ、プログラミング言語をタイピングしているとは限りません。

もちろんそんなタイプもいますが、基本的には、よく検索し、検索先で見つけたコードの例をコピー&ペーストして使っているのです。

とくにプログラミング業界には、「GitHub」という巨大掲示板のようなプラットフォームがあり、そこで日々、世界中のエンジニアがやり取りをしています。

2020年3月に東京都が開設した「新型コロナウイルス対策サイト」のソースコードは、GitHubに公開されています。自治体のサイトとしては異例の、誰でも修正についての提案ができるオープンソースのプロジェクトとして話題になりました。

中途半端に自分で覚えるくらいなら、**書かれている内容を見て、深く考える能力さえあれば、覚える知識はGitHubの海にアウトソーシングできる時代**なのです。

長々と説明してしまいましたが、このような意味での「検索力」が、これからのビジネスと、その現場で活躍するビジネスパーソンに強く求められるものだと私は考えています。

「人間」を強みにするシステムとは？

これからの時代、働く中で人間の特性を発揮させるには、個人レベルでは「仕事を楽しみ、強みを活かす」という話になりますが、そのような環境を与えるのは、主に経営サイドがすべき仕事です。

そのためには、単純ですが「適材適所の配置」をするしかありません。とはいえ、ある程度の適性はわかっても、適所を正確に推測するのはなかなか難しい。

当社でも適性テストなどは行いますし、採用などである程度、参考にはしますが、精度的には微妙なところもあります。また、心理テストで性格的には向いていると出て、実際にその判定は当たっていそうだが、スキルがないといったケースもあるでしょう。

同じ仕事でも、それを楽しいと思う人もいれば、あまり楽しく感じない人もいます。営業が大好きな人は、経理を「地味で面倒な仕事」と思うかもしれませんし、経理が好きな人は、反対に「営業なんて絶対にやりたくない」と思うかもしれない。人生いろいろ、仕事もいろいろなのです。

そうしたことを考えると、結局のところ、社内の部署の流動性を高くしてさまざまな仕事を経験させ、実際にどの仕事に適性があるか試してみるよりほかないと思われます。

かつては全社員に、単一の物事に喜びを見出ださせる方法論が主流で、「生産性のよい企業は宗教である」といった物言いもありました。それこそ、大量生産・大量消費で日本企業が勝っていた時代には、「つくればつくるだけ売れる」という喜びをほとんどの従業員が得られていたのかもしれません。しかしこれは、２０２０年代には成立しにくいやり方なのは間違いありません。

もちろん、同じビジョンを実現するための戦略にみんなで取り組むこと、ベクトルを一致させることは必要です。

ただ、今は**それぞれの場所で、それぞれの好きな仕事をすることで楽しく働き、その個々人の楽しさの集積が商品・サービス、ひいては企業の価値になっていく時代**です。売上の数字ではなく時価総額が取り上げられ、テスラがトヨタを超えたといわれる評価軸も、そのような考え方があってのものでしょう。

キーエンスが重視しているもの

適材適所の人材配置をした上で、その強みを活かすシステムもデジタルで実現可能です。私が非常に重要視しているのがキーエンス方式です。当社はキーエンスの海外法人で長くトップを務めた古田眞治さんを顧問に招いています。

キーエンス方式の要点は、営業が商談をしたあと、5分以内に話した内容を記録させること。重要なのは「5分以内」で、それ以上の時間が空くと、細部を忘れたり、自分の主観や、「この雑談は記録しなくてもいいのでは」といった判断が入ったりするからです。後述しますが、むしろ雑談にこそ価値観の差のヒントがある可能性もあるため、そのようなことをしないように徹底させます。

この記録のルールを徹底すると、営業担当者の段階では、主観の質はさほど重要ではなくなります。

そして、**情報収集のために人間が一番できることは「しゃべらせること」**。これはビデオ会議ではなかなか難しい点です。しゃべらせて情報を引き出す。人が現場に行くのは大切ですが、それさえできれば、ある程度の質は担保できるのです。

そして、営業担当者の現場での記録を全社員が閲覧できるようにシステム化する。これが、人間の強みを活かすシステムです。

そうして記録されたデータを、商品企画の担当者が見てディスカッションする。よほどの天才やカリスマがいる企業を除けば、必ず複数人で話すようにしてください。そうすることで客観的な価値観が見えて、マーケティングの勘所を掴めるからです。

その上で、企画を詰めてマーケティングを深掘りし、価値観の差があって、先行者がいない場所にリリースする。

この動きを迅速にできれば、たとえ技術的に突出していなくても、ライバルが不在なので、高値でも比較的簡単に売れます。売れ始めたら他社が追随しますが、他社が真似できない技術力がある商品ならそのまま売ればいいし、そうでなければ撤退してしまえばいいのです。

コロナ禍で大きな存在感を発揮したアイリスオーヤマも同様の商品開発の方式を採用しており、非接触で体温を計れるＡＩサーマルカメラを、１回目の緊急事態宣言が発令されてからわずか2週間足らずの2020年4月20日に発売しています。他社も追随しましたが、ハンディ型が25万円、ドーム型が90万円（共に発売当時の税抜価格）という高額商品ながら、半年で2万台売れたそうです。

情報を取り、その情報を分析するのは人間の仕事ですが、営業が聞いた話をフェイス・トゥ・フェイスで説明する必要はありません。むしろ、その中間はシステムを使う。そうすることで、正確に記録でき、複数の「異なる主観の持ち主」による共有が可能となります。

デジタルはスピードを上げるサポートをする

ここで重要なのは、とにもかくにもスピードです。

ビジネスで長く儲けられるのは、「あるビジネスモデルの大枠」を握る企業と、そこに含まれる「ユニークな一部分」をつくる企業のみです。

たとえばスマートフォンでいえば、iPhoneをつくるAppleが前者、CCDやCMOSといったイメージセンサーをつくるソニーが後者です。

ほかにもさまざまなものが集まってスマートフォンは成立していますが、それらのほとんどは、「デジタルに任せていい作業」と同じように、替えが利くものと考えるべきです。

とはいえ、Appleやソニーでなければ儲からない、というわけでもありません。AIサーマルカメラのように、技術的にはすでに確立されているものを組み合わせて商品化しても、待っている人がいる場所に素早く届ければ、飛ぶように売れるのです。

アイリスオーヤマでいえば、マスクも代表的な例です。特別な新商品どころか、誰もが知っている日用品ですが、とにかく素早く、大量につくることで、日本人に安心を届け、2020年を代表するヒット商品となったわけです。

このアイリスオーヤマの例は、現代の経営におけるスピードの重要性を教えてくれますが、もうひとつ大きな教訓があります。

それが、「**価値観は社会情勢などによっても変化する**」ということです。

同じ時代の、同じ生活習慣の人間が大勢を占める同じ場所であっても、急にAIサーマルカメラやマスクで儲けられる価値観の差が生まれることがある。理想は長く儲け続けられる「圧倒的な価値」を生み出すことですが、それが叶わずとも、時代の変化をつぶさに観察し、価値観の変化を見抜ければ、大きなビジネスチャンスを掴める。

そして、社会が大きく動くタイミングで、人々のニーズを察知し、「マスクを増産しよう」「非接触で体温が計れる機械をつくろう」といった判断を最も素早くできるのは人間なのです。

デジタルは、そのスピードを上げるサポート役として存在します。

デジタルに使われて苦しむのではなく、デジタルを活用して楽しく仕事をする。

綺麗事ではなく、これこそが２０２０年代を生き残るために必要な働き方だと私は考えます。

SECTION

03

これから何が起こるか？——２０２０年代を生きるためのデジタルの基礎知識

この項では、２０２０年代に訪れるであろう「デジタルの世界の変化」について考えてみましょう。

前述のように、私はデジタルの進化はシンプルに素晴らしいことだと捉えています。しかし、大きな変化が起こるときは、どうしても一人ひとりのレベルでは、その荒波に揉まれて負の影響を受ける方も出てきてしまいます。たとえば電子署名が一般的になれば、印鑑業者の多くは別の生業を探す必要に迫られるかもしれません。

ですから、一個人としては時代の流れを読み、デジタルに居場所を奪われるのではなく、デジタルを使いこなす側の人間になる努力を続けることが重要だと考えます。

経営者目線で見ても、市場が変わり、戦略が変わっても、同じ社員と変わらずによい仕事が続けられればそれが何よりですから、そのような努力を意識的にしている人材と出会いたいところです。

スマートフォンからスマートグラスへ

それでは、これからどのような変化が起こるのか。そして、われわれはどのような努力をするべきなのか？

実はその点についいては、すでに少し触れてもいるのですが、まずは変化の内容から見ていきましょう。

前提として、現在、ＩＴで代替可能な仕事を人間の手作業・ＰＣ作業をメインに行っている方は、その作業をシステム化できるツールに習熟するべきでしょう。その上で経営者にＤＸを提案して、システム化の旗振り役になるというキャリアパスも描けるかもしれません。仮に、その提案の価値を理解できない経営者なら、転職するほうが将来の可能性が広がるように思います。

人間がやるべき仕事に集中できる環境にあり、自分でもデジタルツールを使いこなせる人にとっては、「**スマートフォンからスマートグラスへ**」**の変化への対応**が重要になってきます。

日常使いできるスマートグラス自体は、技術的にはほぼ実現化できる状態にあります。ただ、目に映るすべてを記録可能なその性質から、プライバシー・心理的な感覚で一般化の機運が高まらず、現状はＡＲ・ＶＲ用デバイスとしての利用に留まっています。とはいえスマートフォンで撮影しながら街歩きや生配信をする人もどんどん増えていますし、個人的には、「他人に撮られたくない」と思う人もやや折れる形で慣れてしまい、心理的障壁も下がっていくと見ています。

また、スマートグラスの一般化に時間がかかったとしても、ＡＩとビッグデータの進化は止まりません。インターネットの情報の海が、さらに加速度的に広がり、深くなっていくことは確実です。

スマホの「制約条件」をグラスが解決する

この「**スマートフォンからスマートグラスへ**」の変化は、「**ＰＣからスマートフォンへ**」以上の革命といえます。

今、世の中にあるスマートグラスは、しょせんＡＲやＶＲコンテンツを楽しむためのデバイスで、わざわざ使う必要はないと考える方も多いと思われますが、いずれスマートフォンはスマートグラスに取って代わられると私は考えています。ディスプレイを内蔵したスマートコンタクトレンズの開発も進んでいますが、そもそもメガネのようにかけたり、眼球にそうしたレンズを装着したりせずとも、視界が全部「画面内」になるデバイスもいずれ当たり前になるでしょう。そうなれば、われわれはスマートフォンを持つことすら面倒に思うようになるはずです。

PCからスマートフォンへの移行によって起きた一番の変化は、「場所」という制約からの解放です。

どこでもインターネットにアクセスでき、デスクにいなくてもできる仕事が劇的に増えました。瞬時に立ち上げられるので、数分程度の短いスキマ時間に、街中、電車の中、場合によっては風呂の中などでも突然のひらめきをメモしたりすることも可能です。

この利便性によって、「人間がインターネットに接続している時間」は劇的に増え、またそれに伴って増える「スマートフォンの利用データ」自体も、ビッグデータ時代をさらに後押ししています。

とはいえ、革命的なスマートフォンにも制約条件があります。

画面が小さいので、一度に参照できる情報に限りがあり、入力も面倒です。スペック的にはスマートフォンで十分な仕事でも、大きなモニターやキーボードが使いたくて、仕事はPCでしかしないという方はまだまだ多いでしょう。

しかし、スマートグラスが当たり前の世界になれば、視界すべてが画面になります。このメリットを日常的に享受すると、PCのデュアルディスプレイすら不便に思える時代が来るかもしれません。

また、入力画面も好きにカスタマイズできます。仮想キーボードを視界に呼び出して打つのも簡単でしょうし、生まれたときからスマートフォンに慣れ親しんでいる方は、大きなフリック入力のインターフェースを選ぶことも可能でしょう。また、そのころには、囁《ささや》く程度のつぶやきでも、音声入力が可能になっているかもしれません。

さらに技術が進めば、目の細かい動きを感知したり、考えるだけで入力できる時代も来るでしょう。視線入力デバイス自体は、すでに実用化しており、筋萎縮性側索硬化症の患者さんなどが使用しています。

そう、**スマートグラスならではの重要な情報として、この「視線の動き」が挙げられます。**自分が今、何に、どれだけ、文字通り「注目」しているのかが、具体的なデータとして抽出できるのです。

「好きな芸能人は?」と聞かれて、照れ隠しではなく、本当に「誰とは言い切れない」と思う方は少なくないと思うのですが、グラス越しに最も長く見た芸能人のデータも調べることが可能になります。そのようなデータを参照すると、まったく意識していなかった「本当に好きな人、外見のタイプ」などが見つかるかもしれません。

この視線の情報は、本人も気づいていない潜在意識につながるものも含まれるでしょうから、文字通り次元の違う情報になるはずです。

スマートグラスのような技術が一般化すると、操作量を減らせるので、情報を入力する量もスマートフォン以上に増え、ARやVR、音声伝達技術もさらに発展することで、私たちが受け取る情報量もさらに増えるでしょう。スマートフォンは「いつでもどこでもネットに接続できる」デバイスであるのに対し、スマートグラスは「いつでもどこでもネットに接続している」デバイスで、大げさではなく、起きている時間はすべてインターネットにつながっている時代になります。

兵站《へいたん》の変化に対応するには？

では、スマートグラスによって加速するであろう「情報の劇的な変化」に対応するために、どのような戦略を取るべきなのか？

私は、ビジネスを戦いとするなら、情報は武器や食糧といった兵站にあたるものと考えます。そして、この兵站に劇的な変化が起こるなら、前線の戦略も変えなければ戦えません。

戦国時代でいえば、熟練の騎馬隊に初めて使う火縄銃を渡しても、まともに使えないでしょう。反対に、火縄銃の訓練を受けた足軽に槍と頑健な馬を与えても、効果は薄いはずです。

そして、仮に火縄銃の時代になるのであれば、熟練の騎馬武者たちに別の技術を覚えてもらう、あるいは退場してもらう必要もあるかもしれません。

簡単にいえば、私は兵站の変化に対応するには、「組織の流動性」を高めるしかないと考えています。**新しい技術を取り入れるには、それをよく理解している人を組織の多数派にするしかない**からです。

おそらく、16世紀前半、火縄銃が伝わってきたばかりのときに、多くの武士に「これをどう思う?」と尋ねても、正鵠《せいこく》を射る可能性は極めて低いでしょう。なぜなら、多くの武士は「古い技術」の専門家でしかなかったからです。それだけならまだいいのですが、新しい技術の真価を捉えられないばかりか、既得権益を侵されることを恐れて、受け入れること、評価することを避けようとする人も少なくないはずです。

そうした人たちが主流の集団で、火縄銃を活用するのは無理があります。

同じように、私はスマートグラスから取れる情報を武器にする組織にしたければ、半数はグラスを当たり前に使えて、検索力のある人がいなければいけないと考えます。

そして、こうした戦略が必要なのは「人員の構成」だけではありません。「企業のビジネス」そのものにもいえることです。

僭越ながら、レッドフォックスもその時々で価値観の差で勝負できるビジネスを選び、やることを変えてきました。そうして今はクラウドサービスの運営に注力しています。

組織の形も、やることも、常に流動性を持って変化できるようにすることが、何よりも大切だと私は考えます。

日本の企業に多いのは、「現状の組織を新しい技術で変えようとする」やり方です。

それでは、騎馬武者に火縄銃を持たせるようなもので、失敗しても無理はありません。正しい戦略とは、新しい技術に合わせて、組織の形やビジネスモデルを変えることだと私は考えます。そうしなければAIには勝てません。

兵站が変われば戦略も変わりますし、戦略を変えるなら兵站も変えるべきなのです。

「検索力」の本質

データの分母が増えれば、人間がアクセス可能な選択肢も比例して膨大なものとなります。

この変化に対応するために必要なのも「検索力」です。

ある情報から未来を引き出すための思考力と判断力、そして、そこにたどり着くための検索力の重要性は、今後さらに加速度的に増していくと考えます。

なぜなら、前述のように、スマートグラスによって「PCからスマートフォンへ」以上の革命が起きるからです。

検索力を発揮するにも、最低限の知識が必要だと先述しました。

知識をただ「覚える」だけではなく「知る」。

自分が知らない世界の広さを把握する。

すでにお気づきかもしれませんが、これは文化を学ぶこととほぼイコールです。

検索力がある人は、その過程で幅広い知識を要求されるため、基本的に物知りですし、絶対的な知識量がそれほどではない人も、勘所が鋭く、「無知の知」を知っています。単に学校で教わる勉強をするだけでは、検索力が磨かれるとは限りません。とくにビジネスに関するインプットは、やはり常に文化を意識するべきではないでしょうか。

また、話は検索に限りません。デジタルは人間に奉仕するものであるべきですが、一方でデジタルは使いこなす人間あってのもの。どれだけデジタルが進化しても、使う人間のビジョンがなければ意味がありません。

知識を身につけ、文化に親しみ、主観を磨く努力を続ける。

その努力を続けることが、これからの時代に対応するたったひとつの方法です。

これからの時代をリードするのは若者です。

今後は今まで以上に、世代交代の波が激しくなっていきます。2020年にナスダックにルミナー・テクノロジーズを上場させ、アメリカで最も若いビリオネアとなったオースティン・ラッセル氏は1995年生まれです。

ヤフーのCSO（チーフストラテジーオフィサー）でAI×データ時代をテーマにした『シン・ニホン』の著者でもある安宅《あたか》和人さんは、NHKの取材で学生に「AI×データの時代に、自分たちの世代が持つべき心構え」を問われ、「35歳以上の世の中の見立ては、基本的に鵜呑みにしないほうがいいと思う」と述べていました。これはリップサービスではなく、正直な所感でしょう。

私自身、新しい時代に合った戦略を描き、兵站の変化に適応できる人間であり続けるために、努力し続ける必要性を強く感じています。

スマートグラスが検索の「絞り込み」を進化させる

そして、常時インターネットにつながり、視線情報も記録できることで、前項で触れた検索力の前提も大きく変わっていくと予想されます。

ＰＣベースの検索力は、「ＰＣ　スマートフォン　表示　変える」といった検索ワードを増やすことで、目的の情報にたどり着く手順を減らす「絞り込み」のスキルがものをいいます。

さらにスマートフォンの時代になり、絞り込みの要素が単語だけではなくなりました。近所の飲食店を調べるといった、現在地情報を活用したピンポイントの絞り込みができるようになったのです。常にスマートフォンを持ち歩くことで、移動や行動のパターン、活動時間帯など、ライフスタイルの過去データの絞り込みも可能です。

スマートグラスになると、単語やこれらのデータを用いた絞り込みに加えて、①「今、何を見ているか（注視しているもの）」や、②「今、何が見えているか（視界にあるもの）」でも絞り込めます。

たとえば①なら、私と相対しているとき、「知人、別所宏恭（べっしょ・ひろゆき）、レッドフォックス株式会社代表取締役社長、SaaS事業『cyzen』を展開」などと情報が得られます。さらに、「最終面談321日前、面談回数2回」といった情報も引き出せるでしょう。営業支援システムなどに記入したデータがもしあれば、「勉強会で出会った。そのときの印象は変な人、サービスで相談があったが忘れていた。家電好き」といった詳細な情報が得られて、会話も進めやすくなります。

また、そのような取っ掛かりがなくとも、検索力のある人なら、視界の端で「レッドフォックス　別所　趣味　インタビュー」などで検索して情報をチェックしつつ、話を進めることもできます。

②は、視界の端に仕事で待たせている人が入ったときなどに、「右斜め前に山田太郎さん、7日前に納期遅延で怒られた」といったアラートを出してくれて、山田さんに気づかれる前に謝りに行くなり、逃げ出すなりの対処ができるわけです（考える間もなく、先に気づいた山田さんがこちらにずんずん歩いて来る可能性もありますが）。

加えて、現在だけでなく、スマートフォンの過去情報に「どこで何を見ているのか」の記録もプラスされた、膨大な過去データから情報を絞り込めます。

情報がとにかく多い現代では、的確な絞り込み条件で、必要な情報に最短ルートでたどり着くことで大きな差を生み出せます。そして、スマートグラスで情報の海が今まで以上に深くなることで、検索力のある人とない人の差は、より広がっていきます。

これから、スマートグラスから得られる情報もビッグデータに加わり、ＡＩがそれを処理するようになります。そうなると、今以上に「見えている情報」をベースにした勝負における、人間の勝ち目は減っていくでしょう。

そう考えると、今後は超大企業を除けば、ますます人間のできる勝負、つまり**「見えている情報」を出発点にしつつ、未来のニーズを探り、企画・開発を行うことで勝負する**しかありません。しかし、ＰＣ、スマホの時代以上に、個々人の検索力次第で、見えている情報の量や深さが大きく変わってしまう。

少なくとも、中小企業にとっては、大量生産・大量消費の時代は終わっています。マンパワーに劣り、ビッグデータとＡＩでも勝てない企業は、「インターネットにないもの」を見つけて、少量生産で高く売って儲けるしかありません。そのためにも、物事をよく知り、よく考えられる、検索力を持った人材は必要不可欠です。

SECTION 04

日本の中小企業に眠る技術力を活かすには？

これが本書の最後の項目です。

ここでは、日本の中小・ベンチャー企業の経営者の方々に向けて、個人的な思いを込めたメッセージと願いを綴らせていただきます。

本書で私は、「質の高い情報」と、「価値観の差」に着目した企画の重要性をたびたび訴えてきました。もしかしたら、そのような話を読んでいて、「企画を実現する技術力は必要ないのか？」と思われた方もいるかもしれません。

私の考えはシンプルです。

そのような企画を形にする技術力は、日本の中小企業はすでに持っています。

もちろん、自動運転のためのセンシングシステム、核融合発電の実現といった分野なら、世界のトップ中のトップでなければ難しいでしょう。しかし、そんな場合でも、仮にテスラが持っている技術でなければ実現できない最高の企画を思いついたなら、そのアイデアをイーロン・マスク氏に売ればいい話です。

そうしたこともあり、技術力については、いずれにせよ、とくに心配する必要はないと考えます。むしろ問題は逆で、**その高い技術力を活用するために不足しているのが、優れた企画な**のです。

「商談」と「雑談」は時間軸が違う

私は、素晴らしい技術力を持つ中小企業の多くが、高い粗利を取る仕事ができない現状を、非常に口惜しく思っています。

「はじめに」でも少し触れたように、小西美術工藝社社長のデービッド・アトキンソン氏は、中小企業の生産性の低さに苦言を呈していますが、下請け仕事で大企業にマージンを取られているからそうなるのです。

アトキンソン氏は、日本の中小企業は「効率化」ではなく、「生産性向上」を目指すべきだと説いていますが、その真意は私の考えと近しいものではないかと思っています。
下請けではどうあがいても薄利しか取れません。大きく儲けるには、大企業の軒先を借りたコモディティ市場のビジネスではなく、高く買ってくれる人だけにターゲットを定めた自社プロダクトを生み出すしかないのです。

同じ関西に本社を置く電子機器メーカーとして、よく比較されるオムロンとキーエンス。前者の株式時価総額が2兆円なのに対して、後者は15兆円ですが、キーエンスが圧倒的に強いのは、同社が直販だからです。オムロンは下請けではありませんが、卸を使えば利益構造は下請けと変わりません。アイリスオーヤマの強みも直販です。元請け企業や卸を使わずに売るには、自分たちで企画を立てるしかないのです。

そして、そのためには、「雑談」が必要になります。

「商談」でするのは今のビジネスの話だけです。未来を切り拓くアイデアは雑談に隠されています。ビデオ会議は便利ですが、リモートの打ち合わせは雑談が起こりにくいし、起こっても盛り上がりにくい。現場が重要な理由はそこにあります。現場で商談をすると、本題の成功率を上げるためにも、雑談が盛り上がるものです。

そもそもわれわれも、以前は下請けでした。

その中で情報を取りながら、私たちの技術力に高値をつける「価値観の差」がある場所を自ら探して動き続け、儲けを増やしてきました。

その後も、リーマンショックの際には手痛いダメージを受けるなど紆余曲折を経て、自社プロダクトの開発に進出し、今では私たちが開発する「cyzen」の運営に注力することができています。

それらに必要とした情報の多くは、ここでは書けないような、現場でしか得られない類のものですが、ただのネット記事で「この企業になら高く売れるのでは」と思い、実際に営業したこともあります。その情報を分析できる「文化への理解」は必須ながら、アンテナの立て方次第では、無料の公開情報もビジネスに化けるのです。

とはいえ、下請けでは自分たちで値段を決められない事実に変わりはありません。OEM生産企業が、どれだけ「この商品は1000万円で売れる！」と言ったところで、最終的に値づけをするのは当然ながら納入先の会社です。

優れた企画を売るために、まず販売力を身につける

手前味噌ながら、当社はもともとお金を取れるシステムを開発する技術力は備えていました。ITに詳しい人なら誰もが知るような大企業のシステム開発の中心を私たちのエンジニアが担ったケースは多々あります。

しかし、cyzenのように売れるサービスを考える企画力がなく、大企業の企画実現をサポートする仕事ばかりをしてきたわけです。なればこそ、企画の重要性を痛感しており、なぜもっと早く自社プロダクトに取り組まなかったのか……という思いもあります。

ただ、われわれの場合、下請け時代がまったく無駄だったとは思いません。

なぜなら、システムエンジニアリングにおいては、エンジニアの派遣先はニーズや価値観を学べる「現場」でもあるからです。

逆にいえば、**商品を売る企業が優れた企画を売るには、まず販売力を身につけることが重要**になります。

アイリスオーヤマは、まさに下請けから始めて、販売力と企画の両輪で成長した企業です。プラスチック製の瓶を下請けでつくる創業当時（１９５８年）の「大山ブロー工業所」の年商は５００万円。そこから、父親の急逝を受けてわずか19歳で跡を継いだ現会長の大山健太郎氏は、「町工場のオヤジで一生を終えたくない」と、メーカーとして自社開発商品の製造を考え、トライアンドエラーを繰り返してプラスチック製の養殖用ブイを開発しました。

以前はガラス製で壊れやすかったブイに替わる丈夫な新製品は大ヒットし、株式会社となった「大山ブロー工業株式会社」の売上は、７年で約１００倍の５億４０００万円になったそうです。

このプラスチック製のブイや、続く大ヒット商品となったプラスチック製育苗箱《いくびょうばこ》は、既存品に耐久性などの問題があったものを、丈夫なプラスチックでつくることで潜在的ニーズに応えたものといえるでしょう。大山氏が創業当初から価値観の差に着目する視点を持っていたことを窺わせます。

販売力をどう企画力に結びつけるか

そんなアイリスオーヤマの大きな転機となったのが、ホームセンターとの直接取引です。オイルショックでリストラを敢行するほどの大ダメージを受けた同社ですが、当時は素焼きが主流だった植木鉢をプラスチックでつくり、大好評を博します。ところが、問屋の動きが悪く、商機を完全に掴むことはできませんでした。

そんな折に、ホームセンターという業態が登場します。街の小売店とは比較にならない売り場面積を持つホームセンターは、問屋から仕入れる商品だけで売り場を構成するのは難しく、低価格で販売できる商品を取り揃えるためにメーカーの提案を吸い上げる余地が大きくあったのです。

1980年、アイリスオーヤマはホームセンター「カーマ」に、これまでにない配色や、水抜き機能を備えたプランターを提案し、取引を開始。その商品を見た全国のホームセンターからも注文が殺到するようになります。

直接取引のため、その注文を捌くのは並たいていのことではありません。しかし、再び問屋を頼っては利益が減ってしまう。そこでアイリスオーヤマは、自社で問屋機能をも備えることを決断します。

前置きが長くなりましたが、こうしてアイリスオーヤマは、販売力を備えたメーカーとなったのです。

ただし、単に「卸がいなくてマージンを減らせるからいい」というだけの話ではありません。先述したように、ポイントは、この仕組みが企画力につながっている点です。

同社のウェブサイト「アイリスオーヤマの強み※」には、メーカーと問屋機能を併せ持つメーカーベンダーシステムについて、以下のように解説しています。

商品を小売店にお届けするだけでなく、小売店の売り場をコンサルティングしながら魅力的な売場作りや販売促進をサポートします。生活者の声がダイレクトにフィードバックされるため、生活者ニーズに対応したオンリーワン商品のスピーディな開発をも可能にしました。さらに、多様化するニーズに応えるため素材にとらわれた「業種」発想から、さまざまな素材とあらゆる技術を組み合わせて卸売業の「業態」視点で商品開発をおこなうビジネススタイルへと変貌しました。

※ https://www.irisohyama.co.jp/company/specialty/

この説明文には、本書で述べてきたポイントがこれでもかと入っており、さらに同ページのイラスト図には、「小売店」から「アイリスオーヤマ」に伸びる矢印に、「小売店の情報がダイレクトに入ってくる」と付言されています。販売力を備えることで、次のヒット企画の種を現場で仕入れやすくなったわけです。

同社がどれだけキーエンスを意識しているのかはわかりませんし、あるいは大山健太郎氏がキーエンスに先んじて、これらを仕組み化されていたという可能性もありますが、私がアイリスオーヤマとキーエンスをたびたび並べて取り上げているのは、このような理由からなのです。

目が覚めるような中小企業の変身・成功例は、基本的にすべて「下請けからの脱却」に始まっていると言っても過言ではありません。

鋳物ホーロー鍋「バーミキュラ」を大ヒットさせた愛知ドビー株式会社も、１９３６年創業で、船舶などに使われる精密部品をつくっていた企業です。そして、「下請けだけではやっていけなくなるかもしれない」と、新たな投資をせずとも、自社の技術だけで実現可能な商品を検討していった結果、鍋というまったく違う商品を手掛けることになったそうです。

この愛知ドビーの例は実に示唆的ですが、企画を考え、新商品を開発するときに、大規模な投資が必要になるとは限りません。

自社の技術活用の方向性を突き詰めて考えれば、大きな投資をせずとも、これまでとまったく違うフィールドで、価値観の差から利潤を取れる新商品が生まれることも珍しくないのです。

優れた中小企業の技術を活かす

最後に、ここであらためて訴えたいのが、**旧大山ブロー工業や愛知ドビーのような優れた技術を持つ中小企業は、日本中に数え切れないほど存在する**ということです。

この技術を活かせなければ、日本経済の未来は暗いと私は考えます。

仮に自社の技術では足りないようないい企画が生まれたなら、粗利は減りますが他社の技術を頼ってもいいでしょう。

また、資本や創造性に溢れる人材を誇る大企業やスタートアップには、「今、中小企業に着目せずしてどうする」と言いたいのです。

これまで、企画は素晴らしいのに、実現の道筋をつけられずに頓挫した大企業の社内ベンチャー企画やスタートアップが、どれだけあったことか。

代表的な例として、全自動衣類折りたたみ機「ランドロイド」の開発を中止し破産した、セブン・ドリーマーズ・ラボラトリーズが挙げられるでしょう。

このプロジェクト自体は、優れた中小企業の技術を結集してもどうだったか……と感じる大変困難なものであったと推測しますが、ランドロイドの共同開発パートナーがパナソニックと大和ハウス工業であったことはよく知られています。

もちろん、確実に今は存在せず、実現すればニーズがあるのも間違いない全自動衣類折りたたみ機という発想は素晴らしいものです。その企画に乗りたいと思った両社が間違っているとも思いません。

ただ、企業や投資家が優れた技術の持ち主を探す際に、現状はあまりに中小企業の存在が忘れ去られがちだと感じます。

優れた企画を持つ若者の中には、中小企業を時代遅れと認識し、その技術を低く見積もっている部分も多いのではないでしょうか。確かに時代遅れの部分もあるのかもしれません。ですが、それは企画力や企業風土の話であって、技術力では一頭地を抜く企業が数多くあります。

使い道が定まっていないお金を抱え、優れた企画や技術を持つ投資先やコラボ相手を探す大企業も同じです。自分たちが「下請けで使っている」というくらいの認識の中小企業から、イノベーションが生まれるとは考えていない。だからスタートアップやベンチャーばかりに目を向けているのです。

このように書くと、大企業の関係者からは「中小企業にも目を向けて精査している」と反論を受けるかもしれませんし、実際にデューデリジェンスの結果として、「この中小企業には投資をしない」と判断した経験をお持ちの方もいるかもしれません。

しかし、そうして見た資料に、その企業の技術力はどれだけフックアップされているのでしょう。そこで仔細に見られるのは、古い体質の企業の、古い経営による財務諸表の数字が主なのではないでしょうか？

もちろん、それは褒められたものではありませんが、そのような過去のビジネスの数字から、新しいビジネスを実現するための企画力や技術力が読み取れるとは限りません（もちろん読み取れることも多々あるとは思いますが）。

たとえば、そのときどきでビジネスを変えてきた私の会社の過去の数字を見ても、今のビジネスの価値や可能性は測れません。システムエンジニアの派遣で儲けた利益から、cyzenのポテンシャルを感じられるとすれば、それはあとづけでしかないように思います。

それなのに、技術に乏しく、実は企画もそれほど魅力的ではないようなスタートアップに注目が集まることも珍しくないと感じられます。

それはなぜなのか？　**若い企業には「過去」がないからです。未来を見るしかないから、今の不足が問われにくい。**

ところが、社歴の長い企業は過去の情報が溢れており、その中には顔をしかめるような失敗もあります。仮に、その原因となった人物がその失敗を機会に退職し、その後は順調なビジネスを続けていたとしても、財務諸表の見方によっては「不安定な企業」と思われてしまうかもしれない。

繰り返しになりますが、もはや巻き返しようのない時代遅れの中小企業もあるでしょう。しかし、そうではない、宝物のような技術を持つ中小企業もたくさんいることを知っていただきたいのです。

どうか、そのような中小企業の過去ではなく、スタートアップのように未来を見てほしい。

書類上で過去に傷があっても、能力のある担当者が現場に足を運べば、その企業が生まれ変わっているかどうかはひと目でわかるはずです。

そして、技術に自信を持ちながら、苦しい思いをされている中小企業の皆さん。どうか、自信を失わないでください。新しい時代に適した企画と、その戦略に対応したマネジメントができれば、皆さんの会社は必ず立ち直るはずです。まずは単価10倍の商品を生み出し、どうやったら売れるのか、悪戦苦闘しながらぜひ成功させてください。最低でも3倍の値段です。3倍を切ると、その努力も成功もあまり意味がありません。

あなたなら、必ずできます。そして、新しく素晴らしい世界が必ず開けます。

私自身も、これからも全身全霊を込めて経営をしていきます。ぜひ、世間や大企業をあっと言わせるネクストカンパニーを、ともに築き上げようではありませんか。

【著者略歴】
別所宏恭（べっしょ・ひろゆき）
レッドフォックス株式会社 代表取締役社長
1965年兵庫県宝塚市生まれ、西宮市育ち。横浜国立大学工学部中退。独学でプログラミングを学び、大学在学中からシステム開発プロジェクトなどに参画。1989年レッドフォックス有限会社（現レッドフォックス株式会社）を設立し、代表に就任。モバイルを活用して営業やメンテナンス、輸送など現場作業の業務フローや働き方を革新・構築する汎用プラットフォーム「SWA(Smart Work Accelerator)」の考え方を提唱し、2012年に「cyzen(サイゼン／旧称GPS Punch!)」のサービスをローンチ、大企業から小規模企業まで数多くの成長企業・高収益企業に採用される。

https://www.redfox.co.jp

ネクストカンパニー　新《あたら》しい時代《じだい》の経営《けいえい》と働《はたら》き方《かた》

2021年 9月11日　初版発行
2021年10月26日　第2刷発行

発行　**株式会社クロスメディア・パブリッシング**
発行者　小早川 幸一郎
〒151-0051　東京都渋谷区千駄ヶ谷4-20-3 東栄神宮外苑ビル
https://www.cm-publishing.co.jp
■本の内容に関するお問い合わせ先 …………………… TEL (03)5413-3140／FAX (03)5413-3141

発売　**株式会社インプレス**
〒101-0051　東京都千代田区神田神保町一丁目105番地
■乱丁本・落丁本などのお問い合わせ先 ……………… TEL (03)6837-5016／FAX (03)6837-5023
service@impress.co.jp
（受付時間　10:00～12:00、13:00～17:00　土日・祝日を除く）
※古書店で購入されたものについてはお取り替えできません
■書店／販売店のご注文窓口
株式会社インプレス　受注センター ……………………… TEL (048)449-8040／FAX (048)449-8041
株式会社インプレス　出版営業部 …………………………………………………… TEL (03)6837-4635

ブックデザイン　都井美穂子
DTP・図版　荒好見
印刷・製本　株式会社シナノ
ISBN　978-4-295-40521-4 C2034